李时珍

妙手药圣

王玮 编写

吉林出版集团股份有限公司
全国百佳图书出版单位

图书在版编目（CIP）数据

妙手药圣　李时珍 / 王玮编. -- 长春：吉林出版集团股份有限公司，2020.2（2023.5重印）
ISBN 978-7-5581-7924-2

Ⅰ.①妙… Ⅱ.①王… Ⅲ.①李时珍（1518-1593）-传记 Ⅳ.①K826.2

中国版本图书馆CIP数据核字(2019)第260366号

妙手药圣　李时珍
MIAOSHOU YAOSHENG
LI SHIZHEN

| 编　写 | 王玮 | 责任编辑 | 祖航 |
| 策　划 | 曹恒 | 封面设计 | MM末末美书 |

开　本	710mm×1000mm　1/16	出版/发行	吉林出版集团股份有限公司
字　数	75千	地　址	吉林省长春市福祉大路5788号
印　张	8	邮　编	130000
版　次	2020年2月第1版	电　话	0431-81629968
印　次	2023年5月第2次印刷	邮　箱	11915286@qq.com
印　刷	三河市金兆印刷装订有限公司　ISBN 978-7-5581-7924-2	定　价	39.80元

版权所有　翻印必究

前言

中医文化是中国优秀传统文化的重要组成部分,具有创新文化的潜质。中医学是中国传统科学中沿用至今的富有中国文化特色的医学,它具有完备的理论体系,独特的诊疗方法和显著的临床疗效等特征。在中华民族五千年的历史长河中,中医学始终担负着促进人身健康的重要角色,是中华民族长期同疾病作斗争的智慧结晶,它为中华民族的繁衍、昌盛提供了重要保障。

《妙手药圣 李时珍》这本书主要收录了李时珍的成长经历和奇闻逸事等。读者通过这些故事,可以了解中医名家救死扶伤、拯救天下苍生的医德精神和中医文化的博大精深。

本书内容通俗生动，易于读者阅读。书中配以与中医文化知识相关的图片，并选取了具有代表性的李时珍纪念馆和李时珍出生地的特色风光作为跨页大图，使本书的内容更加生动传神，更具亲和力和吸引力。本书不仅是为了让读者了解中医文化，更是为了讲好"中国故事""中医故事"。

希望通过本书，读者对优秀中医文化会有更加深刻的了解和认识，能够更加热爱中医文化。通过我们对医学名家的传颂，优秀的中医文化必将再放异彩。

目录
MU LU

第一章
立志学医 救治天下病人 —— 1

第二章
初出茅庐 应急诊病 —— 13

第三章
寻根问底 虚心求教 —— 23

第四章
识别假药 有志于神农之学 —— 41

第五章
治病救人 成为一代名医 —— 51

第六章
翻山越岭 遍尝百草 —— 67

第七章
勘误补正 成就《本草纲目》 —— 83

第八章
教育有方 泽被后世 —— 99

　　李时珍（1518—1593年），明代医药学家，字东璧，号濒湖，蕲州（今湖北蕲春）人。著有《本草纲目》《奇经八脉考》《濒湖脉学》等书，另有《五脏图论》《三焦客难》《命门考》等。

第一章

立志学医 救治天下病人

为了表达对"药圣"李时珍的尊崇,人们用他出生时的美丽传说来为他的不凡增色。他没有走当时读书人普遍走的仕途之路,而是在祖辈的熏陶下,对中医、中草药有了浓厚的兴趣,并选择了社会地位较低的医生作为职业,立志做一个"济世救人"的良医,还用一生的努力践行这一理想。

中国是一个历史悠久的文明古国,在悠悠五千年历史长河中,中医学汇聚了中华文化的精髓,以其独特的魅力,成为文化宝库中耀眼的瑰宝,同时也出现了无数影响深远、造福子孙的名医。他们对人类的医学作出了重大贡献,对中医文化也产生了深远的影响。直到今天,人们仍铭记着他们的名字,李时珍就是其中之一。李时珍是明代著名医药学家,他高尚的医德、高超的医术和对中国医药学作出的重要贡献,在中国乃至世界医药史上一直受到人们的肯定,被后世尊称为"药圣"。

一、关于李时珍出生的美丽传说

李时珍出生于医学世家,其祖父和父

鱼

亲都是郎中,尤其他的父亲李言闻当时在蕲州享有盛名。李时珍作为李言闻的第二个儿子,在他出生时,还有一些关于他的美丽传说。传说在李时珍出生时,"白鹿入室,紫芝产庭",就是白色的神鹿跑进了屋内,庭院里还长出了紫色的灵芝,这完全是神仙转世的光景,可见人们是将李时珍作为圣人尊崇的。另一个传说是有关李时珍名字的,据说在他刚出生时,他的父亲为他取名"石珍",后又改成"时珍"的。为什么叫石珍呢?原来在他出生那天,他的父亲李言闻预计妻子即将临产,就想着要准备点儿鱼,以便产后给她补养身子。于是,这一天天刚亮,李言闻就收拾渔网、鱼篓,告诉妻子说要去雨湖网鱼。这时,他6岁的儿子果珍和4岁的女儿也嚷着要随父亲去网鱼、捡鱼。李言闻为了让妻子清静一些,便带上儿子、女儿向雨湖走去。以前他打鱼的运气还不错,可是这一天连下几网都没有打上鱼来,李言闻感到有点儿丧气。眼看日上三竿，他本想收网回家，却还有点儿不甘心，心想，再撒最后一网试试。结果这一网下去，收网时沉甸甸的。李言闻暗自庆幸，多亏没放弃，这一网扣住的肯定是条大鱼。他小心翼翼地将网拉到岸边，散开网，仔细一看，心中凉了半截，只见网里哪是什么大鱼，原来是一块大石头。李言闻叹了口气："石头呀石头，我与你无冤无仇，今日为何钻入网中来捉弄我？真是让我愁上加愁！"他的话音刚落，没想到石头竟然开口说话了："月池呀月池（月池是李言闻的号），我来贺喜不用愁。先生娘子快落月，贵子出世时运转，千难万难无阻拦，若想补养夫人身，只待末网鱼满船。"石头说罢，便消失在湖水中。原来，这石头就是雨湖周围人们崇敬的镇水之神——雨湖神。李言闻慌忙下拜，拜后又按照雨湖神的吩咐用力撒了一网出去。等拉上网来，果然满网都是活蹦乱跳的肥鱼，他高兴地装了满满一篓子。

李言闻背起鱼篓，领着儿子、女儿急忙赶回家去。回到家里，李言闻见接生婆正在做接生前的准备工作。他心中十分高兴，连忙放下鱼篓，把鱼倒在盆中。李言闻忙着杀鸡、宰鱼，忙得他脸颊流汗，腰背酸疼，于是伏在桌边想休息一会儿。不知不觉中，他打了个盹儿，梦中看见一朵祥云飘然而至，云朵上还站着一只茸角初生的白色小鹿。小鹿精灵可爱，口衔一枝鲜嫩的灵芝草，直奔妻子吴氏的卧室。看见可爱的小鹿和鲜嫩的灵芝草，李言闻心中一阵惊喜，刚要伸手去摸，却一下子醒来了。就在这时，室内传出婴儿的啼哭声，李时珍已呱呱坠地了。李言闻心中大喜，马上想到网鱼网到的石头是吉祥的预兆，便决定给二儿子起名叫"石珍"。妻子听了笑笑说："不取石头的'石'，应取时辰的'时'，孩子叫'时珍'好。取'时珍'意味着这个孩子来到咱们李家，咱们家便会时来运转，极为珍贵，所以我们应该叫他'时珍'。"李言闻听了，自是十分高兴，欣然同意了。这便是传说中李时珍名字的来历。

这些美丽的传说在民间流传很广。在中国古代，神灵在人们心中具有至高无上的地位。人们将李时珍当作"神灵化身"，可见李时珍在人们心目中的地位。这种"神化"的表达，满含着后世对李时珍的崇敬之情，也是对李时珍在中医药学上的伟大贡献和他高尚医德的由衷赞叹。能够得到人们发自内心的敬意和怀念，这在古代的医药学家中是不多的。

二、立志学医

李时珍能成为一名"神医"，也是受到了祖辈的熏陶。李时珍的祖父是一位背着药箱、摇着串铃走街串巷的铃医；他的父亲李言闻继承父业，勤奋好学、努力钻研，不仅饱读医书，还十分注重实践，因此医术高明，是一位有着丰富医学知识和医病经验的名医，在家乡蕲州地区深受人们的敬重。李言闻在他家的后院种满了从各地收集来的药草，有牡丹、芍药、土茯苓、水仙、贝母、山茱萸等。李时珍喜欢这些药草，从六岁起，就经常跟在父亲身边，兴致勃勃地为药草浇水、培土。他的父亲看到李时珍喜爱这些药草，就时常给他讲这些药草治病的功用，还十分耐心地回答他提出的各种问题。这使李时珍很快就认识了许多草药：开黄花的是蒲公英、开白花的是土茯苓、开紫花的是牵牛花等。在父亲的熏陶和影响下，李时珍对中草药和中医学产生了浓厚的兴趣。尤其是跟随在父亲身边，耳濡目染，使他对中草药知识有了一定的了解，也掌握了一些行医技能，从而萌生了学医的想法。

待稍长大一些，李时珍便经常跟哥哥李果珍和其他小朋友到他家门前的雨湖和附近的凤凰山玩耍。雨湖的各种花鸟鱼虫和凤凰山上繁多的花草树木，都使李时珍对药草的兴趣越来越浓厚了。李时珍还虚心向渔民、樵夫、农民学习，得到了许多知识，而且养成了虚心学习、

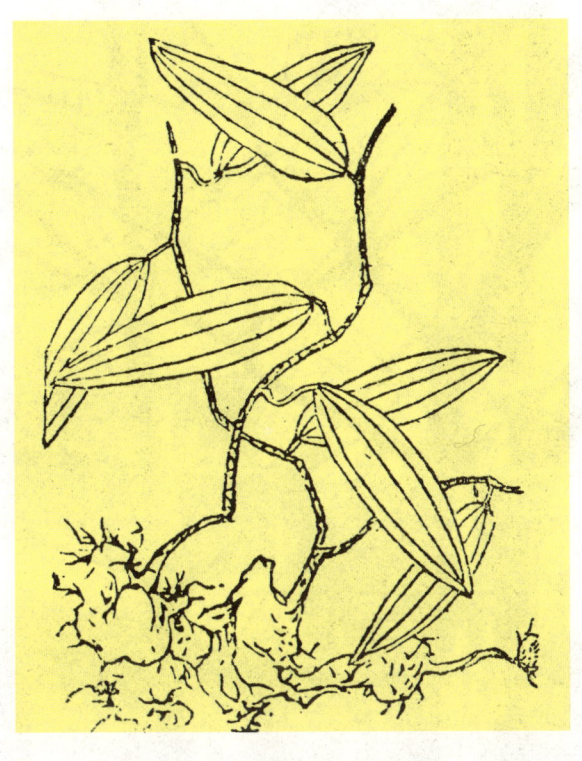

土茯苓

追求真知的好习惯。这对他以后立志学医有着十分重要的意义。

在明朝，医生的社会地位较低。在权贵阶层看来，医生是和算命的人一样，从事的是"贱业"，即伺候人的职业。李言闻和其父亲饱受了达官贵人的轻视和欺辱。这种痛苦的经历，使李言闻决心要改变李家的社会地位。于是，他便把全部希望寄托在聪明好学的李时珍身上，固执地为李时珍选择了通过科举做官彰显门庭的道路。而这条道路也是当时每一个读书人的最终目标。为了实现这个目标，父亲便将李时珍带在身边，一面行医，一面教李时珍读书。李时珍自幼聪明好学，父亲教的知识都能烂熟在心。父亲心中高兴，对李时珍的期望更大了。

李时珍十四岁那年便跟随父亲到黄州府参加科举考试，一下子就考中了秀才。父子二人高兴而归，父亲望子成龙的愿望更加强烈了。

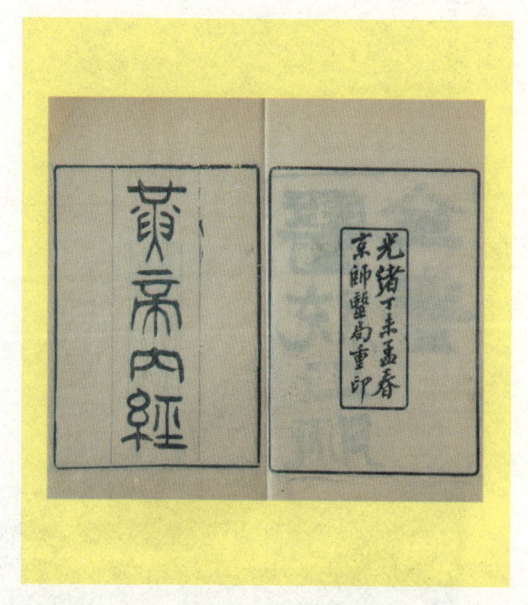

《黄帝内经》

但是，随着年龄的增长，李时珍对父亲安排的科举之路越来越不以为然了。他常常趁着父亲不注意，放下八股文章，翻开父亲的医书，津津有味地读起来。他的求知欲越来越强，后来竟然到了痴迷的程度，他的药物学知识也随之增长得很快。

李时珍偷读医书的事很快便被父亲发现了。父亲看在眼里，急在心上，一面劝说李时珍不要放弃考取功名，一面对李时珍看管得更紧了。但李时珍决心已定，已无心求取功名。他只是表面上应付着父亲，心里却对中医药产生了浓厚的兴趣，想方设法背着父亲偷看医学书籍。即便如此，父亲期盼李时珍求取功名的愿望仍然没有破灭，三次让李时珍去武昌参加科举考试。结果可想而知，三次都没有考中。虽然李时珍向父亲表明了心志，但父亲对李时珍考取功名仍存有一线希望，所以还是没有同意。李时珍苦苦哀求，父亲仍不动摇。无奈，李时珍便写了一首诗，向父亲表明自己从医的决心。诗中写道："身如逆流船，心比铁石坚。望父全儿志，至死不怕难。"表明了他立志当一名"不与草木同朽"的济世救人的良医的决心。父亲明白了儿子选定的目标与理想不会动摇，又看到儿子对学习中医药知识的执着态度，便答应了儿子的请求。

李时珍选择了一条在当时根本不为读书人所称道的道路，背离了大多数人梦寐以求的取仕之路，怀着一颗救死扶伤的赤心，朝着自己的理想坚定执着地走下去，最终成为把中华医药学传承下去的一代宗师。

三、为医药学作出伟大贡献的一生

李时珍的一生是不平凡的一生，无论是医德还是医术都受到人们的称赞。关于李时珍的一生，清光绪年间的《蕲州志·艺文志》中所载的《李时珍传》中有这样一段精彩的叙述："年十四，补诸生，有声，三举于乡不售，发愤读书，十年不出户阈，经传子史声律农圃星卜佛老稗说，莫不倍究，待诏瞿九思以师事之。尤善医，遂以医目名。尝投单方，愈病多不取值，远或千里，就药于门。富顺王嬖庶孽，适子疾，时珍以良药进，题曰附子和气汤。王感悟，适子。卒，得袭位。楚王闻其贤，聘为奉祠，掌良医所事。世子暴厥，时珍立活之。王妃自付金帛以谢，不受。荐于朝，授太医院判，数岁告归，著《本草纲目》。"这段话概括了李时珍不平凡的一生。其大意为：李时珍自幼聪慧，十四岁考中秀才，因其博学多艺，在乡邻间小有名气，后来三次赴武昌乡试未中。乡试失利后，他十年不出家门，发奋读书，经史子集、音乐、农业耕种，甚至佛学、老子、占卜等学问都作了系统研究。李时珍阅览了大量理学经典以及子史百家，对理学有很深的造诣。李时珍继承家学，志于医药之学，阅读了大量医书，又在医病的过程中注意积累经验，不断提高医术水平，诊治了大量疑难病症。其间，曾用"附子和气汤"治愈了富顺王儿子的病。李时珍为平民百姓治病时，不多收取钱财，以至于远在千里之外的病人都来求医问药，是颇有声望的名医。楚王听说李时

珍贤良，便聘他为楚王府奉祠正，掌管良医所的各种事务。后来，楚王之子得了暴病，李时珍将其医好。楚王妃用金帛酬谢他，他没有接受。因其医术高明，又被推荐到朝廷，做了皇家太医院判。几年后，李时珍弃官回到家乡，专注于编撰《本草纲目》，治病救人，同时培养后代，教育徒弟，为医药学作出了巨大的贡献。

1552年，李时珍开始搜集资料，为编著《本草纲目》做准备。李时珍编著的《本草纲目》继承了我国本草研究的传统，集唐、宋各家本草的精粹，补金、元、明各家药籍之不足，又翻山越岭，遍尝百草，勘误补正，独辟蹊径，历经二十七年，写成《本草纲目》，把本草学推向一个新的高峰。

除了《本草纲目》，李时珍的著作尚有《奇经八脉考》《濒湖脉学》传世，但《命门考》《濒湖医案》《五脏图论》《三焦客难》《天傀论》《白花蛇传》等散失了。

知识加油站

李时珍

李时珍（1518—1593年），字东璧，湖北蕲春县瓦屑坝(今博士街)人，明代著名医药学家，做过楚王府奉祠正、皇家太医院判，去世后被追封为"文林郎"，著有《本草纲目》《奇经八脉考》《濒湖脉学》等，被后世尊为"药圣"。

《李濒湖脉学》

李时珍墓园

第二章

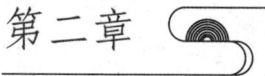

初出茅庐　应急诊病

李时珍随父学医，言传身教，影响甚巨，逐渐走上了一条行医问药的济世之路。

在李时珍少年时代，他的父亲李言闻就常把李时珍和李果珍兄弟带在身边。在李言闻的"诊所"——玄妙观，李言闻一面行医，一面教两个孩子读书。有时病人较多，李言闻忙不过来，就让孩子们帮他誊抄药方。李时珍自幼聪明多智，勤奋好学，加上耳濡目染，便对行医越来越感兴趣了。

一、崭露头角

一天，有人请李言闻去看病，李言闻便带着李时珍的哥哥李果珍出诊去了，玄妙观中只剩下李时珍一个人。这时，来了两个病人，一个是两眼红肿，一个是腹泻不止。李时珍多次看到过父亲如何诊治这样的病人，在心中已拟好了方子，但又怕病人不相信他，思索了半晌，便告诉这两个人父亲要到晚上才能回来，他可以先开个方子试试。

那个腹泻的病人有点儿信不着李时珍，但又太难受了，简直要虚脱了，也顾不得许多，就同意了。李时珍便果断地给他开了方子，给他称了药，就叫病人走了。李言闻回到家中，发现了李时珍开的药方，心一下子提到了嗓子眼儿，便问李时珍是不是自己开的药方。李时珍小声回答："是，不知道对不对。"然后，他便将病人的情况和自己开药方的根据一五一十地说了一遍。父亲一边听，一边不住地点头。他这才知道，儿子不仅读了不少医书，还能根据病人的实际情况灵活运用，在治病实践中不拘泥于书本，而是辨证施治，对症下药，确实是块当医生的材料，心中又惊又喜。这时，李时珍的哥哥李果珍在旁边听着弟弟大谈药性，十分羡慕，便暗下决心：自己年纪比弟弟大，决不能落在弟弟后面，一定要干件漂亮事，让父亲看看自己医道的高明之处。

事有凑巧，没过几天，又有两个分别患眼痛和痢疾的病人来就诊，而那天正好只有李果珍一人在诊所。他一见这两人和弟弟说过的那两人病情一样，便不假思索，依照弟弟的方子作了处理。不料，第二天一早，这两个病人就找上门来,说服药后病情反而加重了,让李言闻看看是怎么回事。李果珍在一旁不敢隐瞒,如实相告。李言闻一听就连呼"错矣"。李果珍不服气:"同样的病,同样的药,为什么弟弟对,我却错了?"李言闻告诉儿子,有的病症表面上看差不多,但病的实质不一样,用药就要有差别。接着,李言闻便把为什么那天李时珍要以艾草为主药,而今天这两个病人应该以黄连为主药的道理讲了一遍,把李果珍说得心服口服。李言闻总是这样,从医理和病情两方面给孩子们灌输科学、全面的医学知识,使两个儿子在成长的道路上少走了不少弯路。

还有一次,李言闻给人看病,病人患的是一种平时很少遇到的疑难病症。李言闻苦思药方,可怎么也想不出有效的药方。这时,在旁边的李时珍轻声地说了一个古方。父亲一听,正是对症良药,心中暗喜,对李时珍将来独自行医更有信心了。

二、博学广识

中华传统文化博大精深,传统文化的滋养是李时珍成为名医的条

艾草

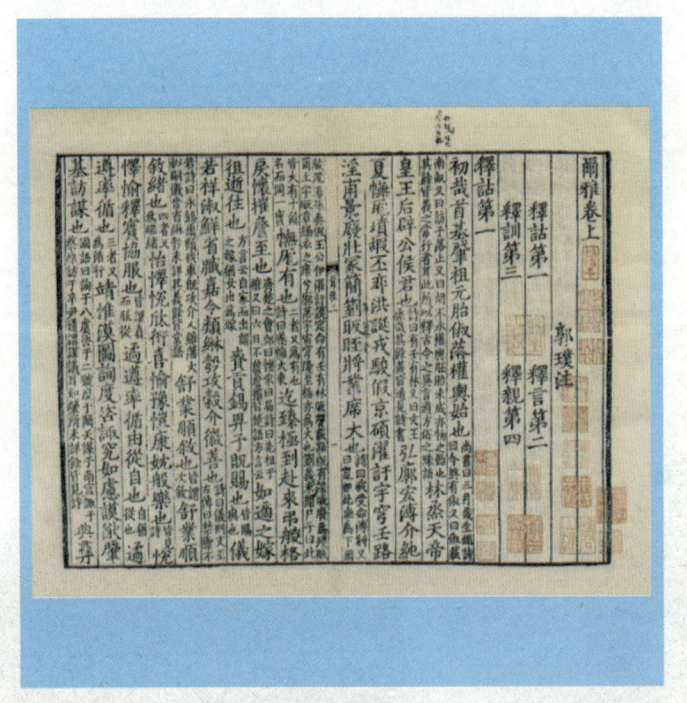

《尔雅》内文

件之一。李时珍从小爱好读书,所以十四岁那年就考中了秀才。此后,他准备继续考取功名。在学习四书五经的同时,他又熟读了一些其他书籍,其中,《尔雅》中的《释草》《释木》《释鸟》《释兽》等篇都是解释植物和动物的词条。李时珍看到书中的分类,心中豁然开朗,原来每一种动植物都在一定的分类系统之中。例如,《尔雅》把植物分为草本、木本两大类,再将木本细分为乔木、灌木和檄木(相当于棕榈科植物)三种类型。动物方面,《尔雅》在前人分类研究的基础上,将动物分为虫、鱼、鸟、兽四大类。不仅如此,《尔雅》在大类之下,还进行了更深一层的分类,即提出了"属"的概念。如《释兽》提出了"寓属",这里的"寓"实际上是指与山林环境有关的种类。还有的是将有较近亲缘关系的列在同一"属"下。李时珍学习了《尔雅》中这些篇章的分类方法后,又仔细研究了书中辑录的五百九十多种动物和植物，并将以前学习的零散的医药知识在脑海里汇聚起来，于是，他的医药知识系统化了，产生了质的飞跃。

李言闻告诫儿子，医学涉及阴阳五行、五运六气、日月星辰等，十分复杂。但这没有吓倒李时珍，在父亲的支持下，他阅读各种书籍，包括天文历法、历史传记、程朱理学、文字声韵、农圃、占卜等，只要他身边有的，都拿来读。此外，他还阅读了大量的医学书籍，像《黄帝内经》《金匮要略方论》《肘后备急方》等。他经常逐字逐句地推敲其中的含义，还摘录了不少书中的重要内容，写了大量的读书心得，从书中悟出了不少道理。出于对东汉著名医学家张仲景的崇敬，李时珍对《金匮要略方论》爱不释手。对于书中采集的各家方书中转载的仲景治疗杂病的医方及后世一些医家的良方，他看得更为仔细，有些方剂都记在了脑海中。李时珍对书的精要内容，有方有论的论述方法极为赞赏，认为此书具有极高的价值，便将其熟读，并在脑海中加以"收藏"。对于《肘后备急方》，李时珍不仅仔细研究了葛洪原著所载的方剂、梁代陶弘景增补的一百零一首方剂，还将金代杨用道摘取《证类本草》中的单方作为附方的方剂也了然于胸。经过认真的研究，李时珍已经初步掌握了书中所述对各种急性病症或某些慢性病急性发作的治疗方案，以及针灸、外治等法。这些知识便成为他此后成为名医的重要理论和实践基础。

三、家学渊源

深厚的家学渊源也是成就李时珍高超医术的重要因素之一。李时珍出身于三代相传的中医世家。在祖父的培养教育下，李时珍的父亲李言闻继承父业，勤奋好学、努力钻研，不仅饱读医书，还十分注重实践，因此医术高明，是一个有着丰富的医药知识和医病经验的名医。他在蕲州地区深受人们的敬重，曾做过"太医吏目"。李言闻不仅有丰富的临床经验，在医学理论上也有相当高的造诣，是一般的医者不能比的，李时珍称赞自己的父亲在诊断疾病方面的知识是"精诣奥旨，浅学未能窥造"。在中医理论方面，李言闻著有《四诊发明》《艾叶传》《人参传》《痘疹证治》等著作，这些都是李时珍成为名医的精神食粮。李时珍认真拜读了父亲的著作，并且结合父亲的诊病过程，在医病理论和实践方面提高得更快了。

　　父亲李言闻高尚的医德为李时珍树立了榜样，使年少的李时珍更加热爱中医了。有一年，蕲州一带遇到了洪灾，河水上涨很快，迅速淹没了田地，又淹没了街巷。这一年，蕲州地区农田荒芜，灾后的疫情十分严重，尤其是肠胃病到处流行，灾民死亡人数日增。蕲州官府虽设有"药局"，但不替穷人看病，穷人有病，只好都来找李时珍的父亲李言闻医治。李言闻医病，不问贫富，尽全力救助灾患。被救治的每个人都心怀感激之情，临走时都不停千恩万谢。这一切，都被李时珍看在眼里。李时珍从小受到这种环境的熏陶，使他下决心要刻苦

黄芩

学习，要像父亲一样治病救人。

父亲高超的医术进一步坚定了李时珍立志学医、做一个为病人解除痛苦的好医生的决心。李时珍二十岁那年得了一场感冒，为了不耽误功课，便拖了一阵子，结果一直咳嗽不停，转成了可怕的"骨蒸病"。得了这种病，病人全身发热，如同火烧，骨头就像放在蒸笼里蒸着一样，所以叫骨蒸病，也就是后来被称为"肺结核"的一种病。病中的李时珍每天要吐一大杯痰，烦躁焦渴，寝食难安。父亲按常规给他服了柴胡、麦门冬等清热祛痰的药，却不见效。过了一个多月，病情加剧，李时珍已经快烧得不省人事了，全家人都以为他没救了。这时，李言闻按古方用一剂黄芩汤使他迅速退烧，就连痰积和咳嗽也都好了。在别人看来，李时珍几乎要把命送掉了，幸得父亲的高超医术，只用一味黄芩汤就把他的病治好了。这使他亲身感受了中医药的奥妙，感慨不已。

有了父亲这个榜样，再加上广博的知识基础和深厚的家学渊源以及李时珍的刻苦努力，他在年少时能应急诊病也就顺理成章了。

知识加油站

《尔雅》

《尔雅》是中国古代最早的词典，大约是秦汉间的多名学者不断增益而成的。全书共十九篇，最后七篇分别是《释草》《释木》《释虫》《释鱼》《释鸟》《释兽》《释畜》。共有五百九十多种动物和植物著录其中，被称为古代的百科全书。

《金匮要略方论》

《金匮要略方论》为现存《金匮要略》的原名，为东汉著名医学家张仲景所著《伤寒杂病论》的杂病部分。全书分上、中、下三卷，共二十五篇，载疾病六十余种，收方剂二百六十二方。上卷辨伤寒，中卷论杂病，下卷记药方。《金匮要略方论》是我国现存最早的一部论述杂病诊治的专书。"金匮"意指本书内容之珍贵。

全国爱国主义教育示范基地

李时珍纪念馆

中国共产党中央委员会宣传部

一九九七年六月十日

第三章

寻根问底　虚心求教

李时珍医学基础深厚，虚心求教，刻苦求方、辨药，终成一代名医。

在父亲李言闻的精心培养下，李时珍的医药学根底越来越深厚了，加上他虚心学习，诊治疾病时又非常认真、仔细，丝毫不敢大意，不断积累医病经验，所以很多病人经他诊治后很快就痊愈了。一时间，李时珍成了远近小有名气的郎中。

李时珍虽然小有名气，但他一点儿也不骄傲。他觉得自己行医时间不长，还缺乏实践经验，所以，只要有机会，都会虚心求教，不放过任何一个学习提高的机会。

一、问方于江湖

这个故事发生在李时珍父子为灾民治病后不久。李时珍父子见灾情基本稳定，便回到家中。这时，有人来请李时珍去他

家给老母亲看病。临行前，李时珍想到自己离开家这么久了，现在刚回来就又要出门，便来到母亲房中看望母亲，并向母亲辞行。进到里屋来，妻子吴氏便悄悄告诉他："婆婆这两天老说胃中不舒服，因见你和公公整天在外面忙着给人治病，已够累的了，所以没有告诉你们。"一听说母亲生病了，李时珍急忙来到母亲身边，请过安后便说："母亲哪里不舒服？让孩儿替您看看。"母亲伸手过来，边让李时珍切脉边说："觉得胃里有东西在搅着，像饿又不觉饿，像痛又不知哪儿痛，就是觉得不舒服。"李时珍又看了一下舌苔，对站在身旁的妻子说："母亲脉象和舌苔都没有多大变化，这病并无大碍，我开点儿药，让母亲用米汤服下就会好的。"妻子吴氏便随丈夫出来，接过他递过来的药丸，按照丈夫的吩咐让婆婆吃了，又服侍婆婆睡下。李时珍见母亲睡下了，

李时珍纪念馆凉亭

便背起药箱外出诊病去了。

没想到才过了一个时辰,老夫人便说肚子痛,紧接着又呕吐了几次。这可让李时珍的妻子吴氏犯了难,心中直埋怨起丈夫来:"时珍怎么搞的,能治好别人的病,治不好自己母亲的病。"看着婆婆痛苦的样子,丈夫、公公又不在家,吴氏急得团团转,想不出别的办法,只好替婆婆揉揉肚子,做点热汤给她喝。

这时,吴氏忽听门外有铃声,仔细一听,这不是走方郎中来了吗,不觉心中大喜。原来,"走方郎中"就是摇着铃铛走村串户、到处游走的医生,人们也叫他们为"铃医"。此刻吴氏也顾不得许多,情急之下,便将铃医请进来给婆婆诊病。这铃医诊过病后,拿出一些药丸,包成两包,一包大的,一包小的,递给吴氏说:"先服这包小的,服了之后

小船

呕吐、腹痛可以立刻止住;午后再服这包大的,三更时分腹泻一次之后,就会好了。"说完,他提起药箱就要走,吴氏连忙要送。只见铃医刚走两步又转了回来,告诉吴氏自己住在江边的小客店里,如老夫人呕吐、腹痛不止,可以去找他。

铃医走后,吴氏便服侍婆婆将药服了下去。说来这铃医也确有本事,吴氏见婆婆服了药后,果真呕吐和腹痛都止住了,午后又睡了一觉,醒来便如没病一般。吴氏见这药灵验,又将那包大的药丸让婆婆服了。傍晚时分,李时珍回到家,急切地询问母亲的病情。母亲说:"没事了。"李时珍见母亲一切又恢复了正常,以为是自己治好了母亲的病,便有些得意。吴氏见他得意的样子,半嗔半怪地说:"这病可不是你治好的。"李时珍听了,以为妻子在跟他开玩笑,便没有在意,但又挂念母亲,便随口追问了一句："不是我治好的是谁治好的？"吴氏便将铃医如何治好母亲的病，一五一十地讲了出来。

这一夜，李时珍没有睡好。他在琢磨母亲的病情：母亲的病不重呀，为什么服了我开的药后会呕吐、腹痛，病情反而更重了呢？那位铃医究竟用的什么药，又让母亲恢复得这样快呢？想到这里，他顾不得已是深夜，忙推醒妻子，仔细问了那位铃医的穿戴和相貌。天刚一发亮，李时珍便急忙赶到江边的小客店去找那位铃医。店主人告诉他，铃医刚走。李时珍忙问："可知铃医到哪里去了？"店主人说："好像搭船往江南去了。"李时珍谢过店主人后，急忙向江边跑去。他到江边一看，只见那条过江的渡船已驶到江心。他忙挥手雇了一条小船，向渡船方向追去。

且说这位铃医为何突然走了呢？原来，李时珍的夫人吴氏为人慷慨大方，铃医诊病开药后，吴氏多给了他一些银子。铃医很高兴，回到客店后便向店主人打听这户人家的情况。店主人问了一些病人家中的情况后说："这真是大水冲了龙王庙，你去的是蕲州一带有名的郎中李言闻、李时珍的家。"铃医一听顿时吃了一惊。铃医对李言闻父子早有仰慕之心，一听是李家，便担心起来："我这不是班门弄斧吗！旁人不知真情，以为我是在骗取人家的银子呢，这便如何是好？"于是，铃医来了个走为上计，所以第二天一大早便离开蕲州，准备往江南去了。

李时珍追铃医的心情十分急迫，不断催促船家。船家知道李时珍是这一带有名的郎中，见他着急，就十分卖力地划船，再加上小船轻快，渐渐地赶上来了。待渡船刚一靠岸，李时珍乘坐的小船也赶到了。李时珍跳下船，看着从渡船上下来的人，按照妻子描述的穿戴和相貌一个个地端详，终于认出了这位铃医。李时珍连忙上前施礼，报了自己的名字。这铃医一听是李时珍，心中不觉一惊，以为是自己下错了

药,导致老夫人出了问题。待李时珍说明他是特地前来求教的,铃医这才放下心来。两人便在岸边的茶馆里找了个僻静的地方,互相谦让了一番才坐下来。铃医的心还没有全放下,便问老夫人现在如何。李时珍回答说没事了。铃医这才说:"老夫人的病是腹中有虫。""腹中有虫?"李时珍有点儿不相信。铃医见李时珍面有疑虑,便又肯定地说:"腹中确实有虫!"李时珍还是有点儿半信半疑,便急切地问道:"何以见得?"铃医见李时珍问得恳切,不像为难自己的样子,便将自己的经验和盘托出,说道:"老夫人腹中确实有虫,只是诊断起来比较困难,她的年纪又大,一般都不会想到腹中有虫的问题。"铃医停了一下,见李时珍听得很认真,不觉心中高兴,又讲了自己诊治这类病的经验。他说:"诊治此类病有五难:大人比小孩儿难、饮食正常者难、面色不黄者难、虫子不多者难、肚子不痛者难。"接着,铃医又微笑着说:"这五难,全让李兄遇上了。"李时珍也笑着答道:"先生真是经验之谈呀!"

回到家中,夫人吴氏告诉他,婆婆三更腹泻时排出了两条虫子。李时珍更加感到自己要学习的东西太多了,又提起笔来把这一切都详细地记录了下来。

二、五顾樵夫家门求教

一次,一位四川客商来找李时珍看病。这位客商说自己咳嗽、胸痛,已有半个多月的时间了,有时痰中还夹有血丝。李时珍诊过脉后,感到这病有点儿难治,便给他开了一张方子,并嘱咐道:"您先按这方子抓三剂药服了,服完后再来找我。"第四天,这位客商如约而至。李时珍一见,他原来的预感变成现实了。只见客商比三天前又憔悴了许多,待把脉时,只觉得这脉象虚软无力,毫无生气。李时珍面露难色。这客商似有觉察,便对李时珍说:"我想这病大概治不好了吧?先生可以直言。"李时珍默默地点了点头,然后开了一张方子递给客商,说:

虫子

"您还是立即动身回家吧！路途中按这方子服药，尚可到得了家。"这客商一听，谢过李时珍，立刻回去收拾东西就往家里赶。自那天以后，李时珍虽然记挂着那位客商的病，怎奈道路阻隔，无处得知，只好暂时放下。

半年后的一天，李时珍上山采药，路上偶遇一人。李时珍觉得挺面熟的，却一时想不起来。这时，那个人连忙过来向李时珍问好，并说自己就是半年前他诊治过的客商。李时珍也想起来了，但见眼前的客商容光焕发，与半年前判若两人，全然是无病的样子，便惊奇地问道："先生的病是如何好的？"客商告诉他："从那次您给我看病后，第二天就动身往家里赶，一路上病情越来越重，全靠服用您开的药，才慢慢拖到夷陵（现今的宜昌）。到夷陵时，已近傍晚，我便找到一家客店要住下，刚进入客店，就遇到一个年老的樵夫给客店送柴来。樵夫见我面容憔悴、无力支撑的样子,便问我怎么了。我还没说话就又咳了起来。樵夫见我咳个不停,咯出的痰里还带着血,就说他能治这病。我半信半疑,但那时已浑身无力,便求他医治。第二天,老樵夫又来送柴了,还捎上一大把草药。他让店里的人将药煎了让我服下。就这样,老樵夫每天都来送柴,每天都给我带草药来。我整整服了一个月的药,不想这病就全好了,身体也强壮了。"

李时珍非常认真地听客商讲完,便又急切地问道:"这药长什么样子?"客商答道:"我当时正病着,无心看药,而且,只是喝那熬好的药汁,待渐渐好些,又觉得不应该问,也就没问。"李时珍无奈,只能把那客店的字号、位置和老樵夫的情况一一问清楚了。回到家中,李时珍把这一切都和夫人说了,并告诉夫人,自己要亲自去向樵夫请教。

五味子

夫人虽然担心路途遥远，丈夫要在路上吃很多苦，但见丈夫决心已定，只好嘱咐了几句，就替他打点行装去了。

第二天，一大早，李时珍就直奔夷陵。到了夷陵，李时珍按照客商述说的情况，很快就找到了那家客店。他也顾不得这些天来路途上的辛苦，没有进入客房休息，只在店堂里等着。傍晚时分，老樵夫果然来送柴了。李时珍喜出望外，忙上前施礼，说明来意。那樵夫并不搭理他，把砍柴的用具收拾好后，径自走了。李时珍干着急却没有办法，只好向店主人打听老樵夫的住处，想到他家中去求教。店主人却说："谁也不知道他住哪儿，他几乎每天都送柴来，什么也不说、什么也不问，我们问过他住哪里，他也不回答，我给了钱，他就走，他不来，谁也不知道他住在哪里，也没有人想着去找他。"听店主人如此说，李时珍只好盼着他明天来时再好好求他。

第二天傍晚时分，老樵夫又准时送柴来了。李时珍早在店门处迎候，但老樵夫和昨日一样，连瞧也不瞧李时珍一眼，把柴送进去后，把砍柴和背柴的用具往肩上一搭就走了。李时珍情急生智，心想："何不随他前去，也可知道他的住处。"他便悄悄跟随在樵夫后面。李时珍走了十来里路，来到一片农田前，农田的尽头有几户人家，见那樵夫往那几户人家处走去。李时珍心中暗喜，心里有了底，便高兴地回来了。

第三天，李时珍便往那几户人家处去打听。这里住的人家不多，很容易便找到了。李时珍心中暗喜，便快步来到樵夫的住处，可是樵夫早上山打柴去了。李时珍有点儿遗憾，但当他看见屋前晾晒的各种草药，顿时兴奋起来。他仔细地辨认这些草药，有的认识，有的不认识，还有一些是从来没见过的。李时珍越看越高兴，心想："我可真找到个好老师了！"于是，他把这些草药认真地整理了一番，并把屋前屋后打扫了一遍，等候老樵夫回家。

傍晚时，老樵夫回来了，见李时珍站在那儿，先是吃了一惊，又发现院子变整洁了，便问李时珍："是你打扫的吗？"李时珍很有礼貌地做了回答。老樵夫这才把李时珍从上到下地打量了一番，之后对李时珍说："我只是个打柴的，不会治病，只是父亲教我认识了些草药，我便在打柴的时候顺便采点草药，没有什么可教你的，你还是走吧！"说罢，进了家门，随手带上了柴门，看也不看还在门外站着的李时珍。

虽然老樵夫没有接纳他，但李时珍没有死心，决心等下去。于是，李时珍仍然每天来到老樵夫家门前等候，照常替老樵夫打扫屋子周围的场地。到了第五天，李时珍像往日一样，来到老樵夫家门前打扫场地。眼看天色暗了下来，突然狂风大作，大雨倾盆而下。李时珍心想，这个时候樵夫一定是在回家的路上，这周围一片田野，没有人家，也没有避雨的地方，老人家淋雨会着凉的。想到这里，李时珍向樵夫的邻居借了雨具，便急忙往老樵夫回来的路上去接他。没走出多远，只见

樵夫冒着大雨，深一脚浅一脚地走来。李时珍忙迎上前去，把雨具递给他。老樵夫深为感动，待李时珍把他送到家门口时，便一把抓住了李时珍的手，把李时珍让进了屋里。他感受到了李时珍的谦虚和真诚，便把如何治客商病的过程、用的什么药方统统告诉了李时珍，并答应第二天带李时珍上山采药去。李时珍这下可乐了，连声道谢。待天放晴后，他便向老樵夫告辞，满怀希望回到了客店中。

到了第二天，天还没亮，李时珍就起来了。他准备好了笔墨纸砚，带上了吃的，便往老樵夫家赶去。待到老樵夫家时，天才刚刚放亮。李时珍没有打扰老人家，只是站在门前等着老樵夫醒来。大约过了半个时辰，老樵夫才开门出来，见李时珍早在门前等候，便笑呵呵地说："天还早，露水还没干呢，你自己可要小心着凉呀！"听到这话，一股暖流涌上李时珍的心头。

待太阳露头时，老樵夫便带着李时珍上山去了。这山很高，草木

傍晚时分

繁茂，药材非常多。两人边走边挖，每挖到一种药材，老樵夫都会把药名、特点、治什么病、怎么用等说得一清二楚。待到半山腰时，他俩的背篓里已装满了草药。他们来到一棵大树底下，老樵夫让李时珍在这里歇着，自己进到林子里砍柴去了。

李时珍把这些草药倒在地上，取出笔墨纸砚，把老樵夫刚才说的一一记在纸上。对于他以前没有见过的，还画下了图形。老樵夫说的跟书本上不一样的，他记录得更加详细。就这样，李时珍天天跟随老樵夫上山，不知不觉中在夷陵待了半个多月。在这半个多月的时间里，他学到了许多书本上没有的知识，也体会到这些劳动人民在实践中掌握的知识和经验是多么地可贵。他觉得这些打柴的樵夫和种田的农民就是自己真正的老师，经常向他们请教，这也变成了李时珍的好习惯。就这样，李时珍从他们那里学到了很多的知识和医病经验，这些都为他编写《本草纲目》打下了良好的基础。

三、把父亲当作最好的老师

在李时珍的眼里，他的父亲是最好的老师。少年时代的李时珍在埋头苦读历代各种医药学书籍的同时，也认真地研读了父亲的所有著作和诊病记录，还遵从父亲的教导，跟随父亲认真从事诊病实践，消化并理解从父亲著作中学到的知识。这为他日后成为名医打下了牢固的知识和实践基础。

李时珍在跟随父亲诊病时，虚心学习，擅于观察体会，充分地显露出其聪明才智。只要父亲一指点，他马上就能领会。但他没有满足，仍然跟随父亲如饥似渴地学习。

父亲李言闻在教李时珍学习时也有自己的一套独特方法：每当病人来了以后，李言闻就让病人把两只手都放在脉枕上。他切病人左手的脉搏，让李时珍切病人右手的脉搏；他切病人右手脉搏时，让李时珍切病人左手的脉搏，再让李时珍仔细察看病人的舌苔、面色和其他的外部表象，仔细听病人讲述病情。然后，他打发李时珍到别的屋子里去试着开药方。等到他自己开完药方后，再抽空把李时珍开的药方与自己开的药方做比较，比较之后让李时珍做判断，或对李时珍开的药方一一发问、一一讲解。李时珍每次除了认真开好自己的药方、认真回答父亲提出的问题外，都仔细对照父亲开的药方，找出自己的不足。有时父亲看到李时珍开的药方较好，就让李时珍讲述他开药方的道理或根据。像这样的训练，不知有多少次，虽每次都重复同样的过程，但李时珍从未厌烦过，而且每次都做得非常认真。这也为李时珍日后成为名医打下了牢固的基础。

有了父亲的精心指导，再加上李时珍虚心学习、认真实践，所以他进步很快。在诊病时，他能够根据病人面色的青、赤、黑、紫和舌苔的黄、白、厚、薄对病人作出初步判断；切脉时对病人脉象的浮沉迟数或者长短紧弦都能分辨清楚，并据此为病人作出正确的诊断。但他没有满足，而是在心中暗暗鼓励自己，还要更加努力。

中药

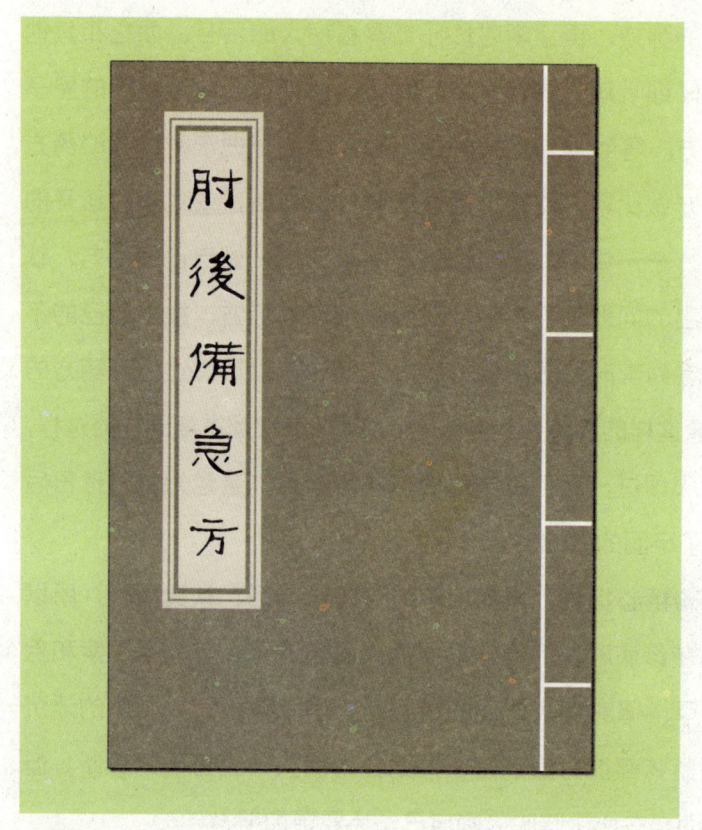

《肘后备急方》

有一次,来了个年轻病人,李言闻像往日一样让李时珍切脉、察舌、听病人诉说病情。诊病后,李时珍已对如何治疗胸有成竹了,所以很快就开完了药方。只见这次李时珍开了个奇方,只有两味药:葱白十四茎,豆豉半斤。虽然李时珍很有把握,但还是把药方拿给父亲看,让父亲把关。父亲李言闻一看,心中暗暗叫好,但还是发问了:"怎么就这两味药?"李时珍不慌不忙地回答:"这病人身体强壮,脉搏有力,舌苔薄白,虽然他自己说头痛得很,但我认为他只是受了风寒而已。这葱白和豆豉两味药合用,就是《肘后备急方》中的'葱豉汤',孩儿认为病人的症候合于用此汤。"他继续说:"孩儿数年前的那场大病,父亲不是只用了一味黄芩就将孩儿的性命救了过来吗?我想用药如用兵，不在于多，而在于精。这葱白、豆豉，药虽简单，但治这位病人的病症是再精当不过了。"李言闻听他这么一说，笑得合不拢嘴，用手捋着胡须，把头点个不停。李时珍见父亲只是一个劲地笑，却不言语。在父亲面前，李时珍觉得自己永远是个小学生，便急切地问道："这对不对呀？"李言闻答道："对！对！为父用的也是这'葱豉汤'。"于是，李言闻便给病人开了葱豉汤。只过了一天，这病人便来道谢，并称赞说："没想到这么简单的药还真管用，您真神了！"李时珍在旁边听了心里也觉得很高兴。就这样，李时珍学医不久便成为一名较为成熟的医生了。

知识加油站

《肘后备急方》

《肘后备急方》，东晋葛洪著，八卷，七十篇，为古代中医方剂著作、中医治疗学专著，也是中国第一部临床急救手册。其内容主要记述各种急性病症或某些慢性病症急性发作的治疗方药、针灸、外治等法，书中对天花、脚气病以及恙螨等症的描述属于首创，倡用狂犬脑组织治疗狂犬病，是中医免疫思想的萌芽。

黄芩汤

此汤出于宋代庞安时的《伤寒总病论》卷三。黄芩的主要成分为黄芩苷，用黄芩煮水喝具有清热止血的功效。此外，黄芩配以山栀、桔梗、当归、人参等制成的中药汤剂，对糖尿病也就是中医所说的消渴症有一定的疗效。李时珍的父亲李言闻就用黄芩治好了李时珍的"骨蒸病"。

大葱

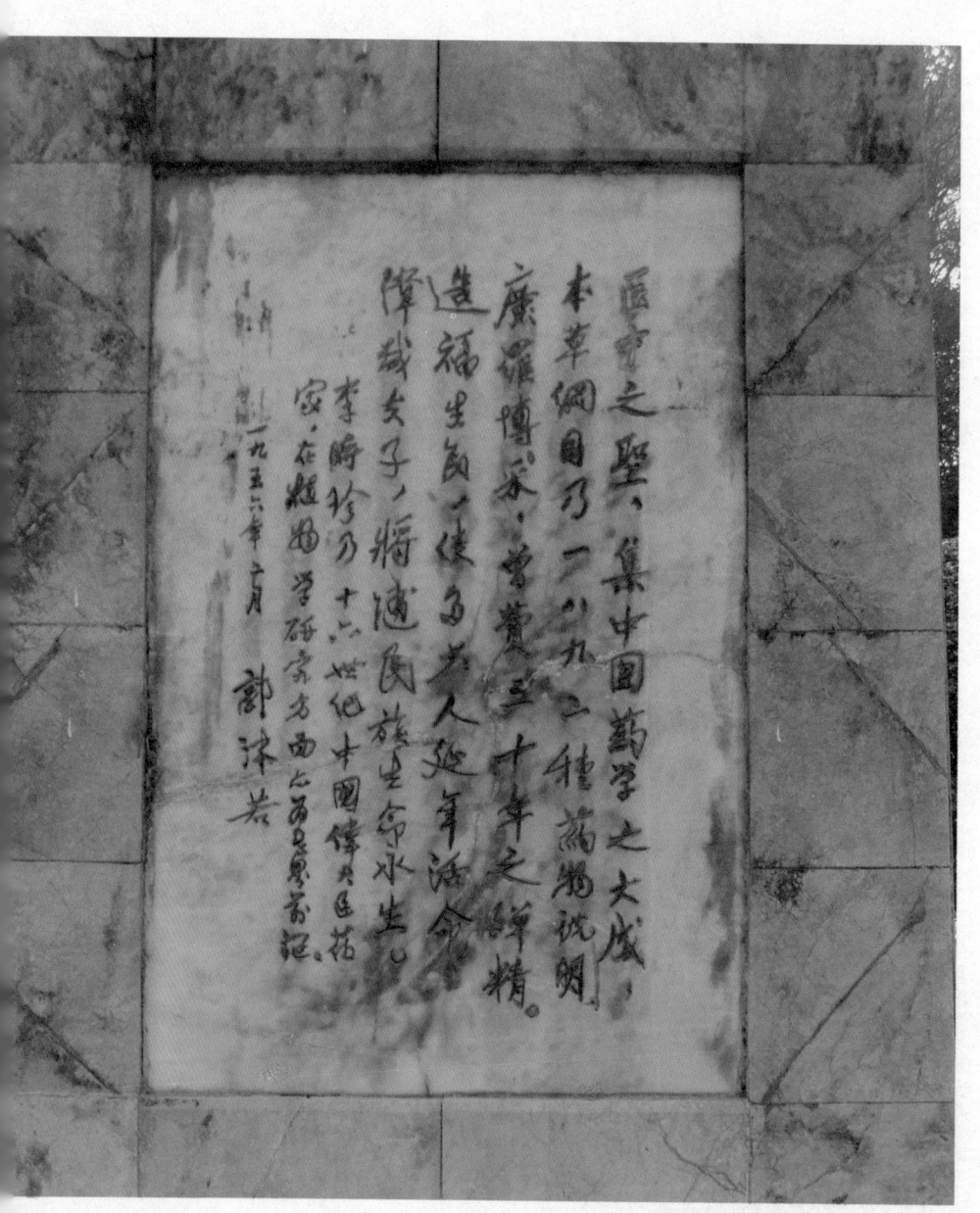

郭沫若题词

第四章

识别假药 有志于神农之学

从少年时代开始，李时珍就刻苦学习医药理论，饱读医药书籍，具备了扎实的医药学功底。在跟随父亲行医和自己独自医病的过程中，又虚心求教、勇于实践，验证医书中记载药物的真伪，慧眼识别真假药，治病救人，造福于百姓。

李时珍因其高超的医术和对中国医药学作出的重要贡献，被后人尊称为医圣。"医圣"之称出自现代作家郭沫若之笔。1956年，郭沫若在为李时珍作的题词中写道："医中之圣，集中国药学之大成，《本草纲目》乃一千八百九十二种药物说明，广罗博采……造福生民，使多少人延年活命！伟哉夫子，将随民族生命永生。"

一、神医慧眼辨药渣

为了更好地给病人治病，李时珍常常自己上山采药，配制药方。一天，李时珍外出采药，路过一个村庄时，看到田地大部分都荒芜了。李时珍感到很奇怪，心想："正是耕种季节，却不见人们下地劳动，

河流

村子里也很少看见有人出来,难道村里出事了?"经过多方打听才知道,这个村的人都得了"流感"。这样大规模的流感却无人诊治,李时珍更感到不解。他走到一个茅草屋前,只见门虚掩着,屋子里还传出阵阵呻吟声。李时珍立刻推开门,只见一位老人躺在床上,正痛苦地呻吟着。他看了看病人的情况,又诊了脉,连忙取出药来让老人喝下。过了一会儿,老人便出了一身汗,症状减轻了许多,看样子也不像先前那样痛苦了。李时珍便问老人:"这么多人得流感,为什么不请人诊治呢?"老人说:"请过好几个郎中,他们都给开过药,都说'吃上一服药,包管你药到病除',可是吃了十来服了,仍不见效。"听了老人的话,李时珍心想:"这病不是什么疑难杂症,怎么能治不好呢?"于是,他便将老人煎过的药渣找来,仔细一看,原来这些药大部分是假药。李时珍这时才知道村里来的郎中都是走江湖的庸医。假药怎能治好病呢？老百姓上当受骗了！于是，李时珍遍查村中的假药，并重新为村里人诊治。很快，村里人的病就被治好了，人们都来感谢李时珍，同时也对庸医更加痛恨了。

李时珍看药渣识别假药的事迅速传遍了附近的村庄，人们纷纷把江湖郎中配制草药的药渣拿来让李时珍鉴别。但是骗财的庸医太多了，拿来的药李时珍一时看不过来，只好让大家把药渣倒在路口上，一服服摊开放好。李时珍逐服察看，留下真药，拣出假药、劣药，然后教大家如何识别假药、劣药，防止以后再上当受骗。

从此以后，这附近的村庄都形成了一种习惯，就是病人把煎服过的药渣都倒在路口，盼望过路的良医识别真假。在这些村庄里，有的至今还保留着这个风俗。

二、辨药

在诊病的实践中，李时珍还发现，不仅假药能害人，一些郎中不辨药的真伪，也会害人性命。所以，李时珍便利用一切机会让郎中们学会分辨相近的药，以便正确用药。李时珍二十岁那年，蕲州发生了一场严重的水灾，滔滔洪水如猛兽般冲决了河堤，蕲河两岸的千顷良田顿时化作一片汪洋，乡亲们流离失所，到处是一片哭声。洪水刚过，由于天气炎热，暑气升腾，瘟疫开始蔓延，正应了那句话：大灾之后必有大疫。病魔无情地蔓延着，吞噬着无辜的生命。李时珍目睹惨景，心如刀绞。他和父兄一道，没日没夜地救护着病人，不知把多少濒临死亡的人从死神手中抢了回来。这天，李时珍正在诊病，突然一群人闹闹嚷嚷地拉着一个江湖郎中拥进了诊所。为首的年轻人愤愤地嚷道："李大夫，您给评评理！我爹吃了这家伙开的药，病没见好，反倒重了。我去找他算账，他硬说药方没错。您会辨药渣，我们把药渣带来了，您给看看，我们信得过您。"说着，他把给父亲煎药的药罐递了过来："就是这药把我爹害苦了。"李时珍抓起药渣，一一仔细闻过，又放在嘴里嚼嚼，自言自语道："这是虎掌啊！"那江湖郎中一听"虎掌"，脸上顿时变了颜色，因为"虎掌"是有毒的药。所以，李时珍刚一说完，郎中便慌忙争辩说："我绝对没开过'虎掌'这味药！肯定是药铺给抓错药了，我找他们去！"说着，郎中就要往门外冲。李时珍忙将他拉住，对他说："别去了，这是古医书上的错误，把漏篮子和虎掌混为一谈了。""对，我开的是漏篮子！"江湖郎中急急地插了一句。李时珍又接着说："所以你找药铺没用，药铺有医书为据，打官司也没用。"为了让这个郎中能正确用药，李时珍还列举了《日华本草》等医书中将漏篮子和虎掌混为一谈的例子，告诫郎中要认真分辨药的真伪，尤其是对外形相近的药更要仔细分辨它们的不同，才能发挥药的效用，才能治病救人。郎中听了，不仅心服口服，还表示要告诉更多的郎中要认真地辨药、用药。听了李时珍的话，众人也不免

慨叹了一阵，对李时珍更加信任了。

还有一个身体虚弱的人，吃了医生开的一味叫黄精的补药，莫名其妙地送了性命。李时珍知道，这一定是将"钩吻"当成黄精给病人服了，也犯了不辨药的真伪的错误，也是迷信医书的结果。因为在几种古医书上，都把黄精和钩吻说成是同一药物，但事实上，它们的药性相差甚大。黄精的功效是补气养阴、健脾、润肺、益肾，让一个身体虚弱的人服用黄精，能够起到很好的滋补作用，一点儿也没错。但将钩吻当作黄精服用，不仅不能治病，还会害人。因为钩吻是能致人丧命的毒药，它的全株都有剧毒，其主要作用是消肿止痛、拔毒杀虫。所以钩吻的真正效用是用作兽医草药，对猪、牛、羊有驱虫功效；有的时候也用作防治水稻螟虫的农药。这样的药给人吃了，尤其是给身体虚弱的人吃了，怎能不送命呢？

连翘、虎杖、黄精、钩藤、大黄

《神农本草经》

三、神农尝百草故事的感召

　　李时珍能慧眼识假药，得益于从小就喜欢读《神农百草经》和长期的实践。早在少年时代，李时珍就立志要成为像神农那样的人。但在现实中，李时珍的这一愿望不断被一些庸医开错药而致人死亡的事件泼了冷水。有一次，一个郎中为一名精神病人开药，病人服药后很快就死了。李时珍知道后很痛心。当他知道郎中用了一味叫防葵的药时，凭借他对古医书的研究和在医病实践中对相近药物的比较，知道这是医书上的记载出现了错误，这个错误导致这位郎中不仅没有救人性命，反而害了这位病人。原来，几种古医书上都把防葵和狼毒草说成是同一种药物。这两种药的外形相近，但药性大不相同。狼毒草又名叫"断肠草"，足以说明狼毒草毒性之大。由此，李时珍想起了神农因尝狼毒草而死的传说。神农为了找到能为人们治病的草药，曾尝遍百草。

一次，神农在山上尝到了一种有剧毒的狼毒草，他的肠子便一截一截地烂断了。所以，人们才将狼毒草称为断肠草。这位伟大的医药之神，为了解除人们的痛苦，献出了自己宝贵的生命。更令李时珍痛心的是，神农用鲜血和生命换来的教训却没有警醒世人，尤其是一些古医书上仍然不区分防葵与狼毒草的不同，经常将这两味药混为一谈，这使李时珍深感忧虑。

眼前这一桩桩、一件件不辨真伪乱用药物害人的事，在李时珍心中激起巨大的波澜，也使他懂得了让更多的医者能够分辨药物的不同性能、避免"以药害人"的重要性。他理清了思路，一方面要医病救人，另一方面又要纠正一些古医书上的错误记载，他感到自己责任的重大。

知识加油站

《神农本草经》

《神农本草经》为中医四大经典著作之一，起源于神农氏，经代代口耳相传，到了东汉才集结整理成书。全书分为三卷，载药三百六十五种，是现存最早的中药学著作。其中的大部分中药学理论和配伍规则以及提出的"七情和合"原则在几千年的用药实践中发挥了巨大作用。

李时珍纪念馆

第五章

治病救人 成为一代名医

作为名医,不仅要有精湛的医术,还要有系统的医药理论建树和高尚的医德作为支撑。李时珍在医术、医药理论和医德方面,不愧为一代名医,被后世人尊称为"药圣",可谓名副其实。

一、妙手神医美名扬

1. 妙手救活棺材里的"死人"

在李时珍生活的明代中晚期,发生过这样一件奇人奇事。湖口县有一户人家,家里的女主人因难产而"死"。因为家里太贫穷了,只用几块木板钉成一口棺材。在送葬的时候,血一直从棺材的缝隙中滴出。

这时,年轻的李时珍正从送葬的人群旁边经过。他发现棺材里流出的血是鲜血而非淤血,便觉得有些不对劲,就急忙拦住送葬的人群,并高声喊道:"停棺!停棺!快点停棺!棺材里的人还有救啊!"

众人听了棺材里的人还有救,觉得又惊又

喜。惊的是死人还能复活，他们都不敢相信；喜的是可能还有一线希望，毕竟棺材里有两条生命。男主人碍于当地的风俗，认为停棺、开棺都是不吉利的事，所以见有人拦棺材，就难过地说："我家女人难产受尽了折磨，还没保住命，现在她死了，你就让她死后安宁些吧！"不料，李时珍却说："你家的女人还没有死，现在开棺可能还有希望救活她！"这位男主人吃了一惊，可转念一想，人死不能复生，况且，再开棺惊动故人，不是太不吉利了吗？于是，他摇摇头，继续前行。李时珍看出了大家的心思，但救人心切，见主人不答应，仍然不肯放弃，便继续说道："你家嫂子可能是因为难产而昏厥，棺材里流出的血是鲜血，说明她可能只是'假死'，开棺后让我检查一下，或许能救回两条人命呢！"男主人见李时珍说得恳切，有些心动了。犹豫再三，他终于决定让这位年轻人开棺试一试。李时珍忙指挥人把棺材抬到一个僻静背风处，撬开棺盖，揭去"死人"的蒙头罩，揭开装裹衣带，把女主人抬了出来，检查了一番，又对着几处穴位按摩，接着取出银针对着心口窝扎了一阵。不到一盏茶的工夫，女主人呼出一口长气，随后，竟然睁开眼睛活了过来。

男主人"扑通"一下跪在地上，大声说道："谢谢您救了我们全家，您就是观世音菩萨转世，这辈子我做牛做马也要报答您的恩情啊！"李时珍连忙扶起男主人说："我哪是什么观世音菩萨转世啊，我就是一个普通的郎中，救人性命是我们做郎中的责任，看到能救的人我怎么能见死不救呢？"男主人觉得妻子能活过来真是个奇迹，便问李时珍道："您怎么知道我家娘子没死呢？"李时珍答道："你们用的棺材板薄，所以血能从缝隙中流出来。我见流出的是鲜血，就判断人还没有死，那就得救啊！"李时珍见大家听得很认真，便又继续说道："初诊完发现你家娘子是因难产而昏厥，是假死，可以医治。"在李时珍医治下，母子平安。李时珍"一根银针救活母子二人"的故事，被越来越多的

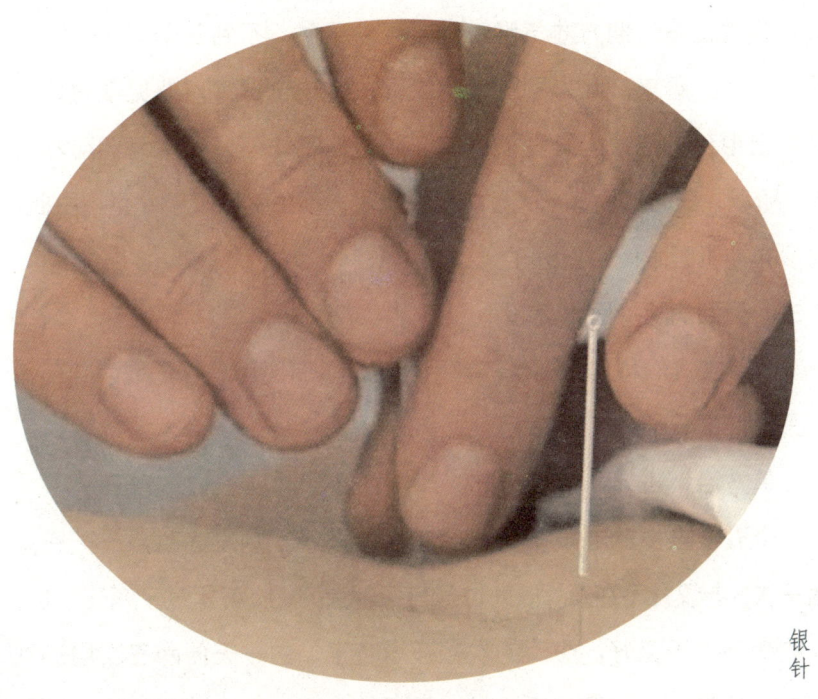

银针

人传说出去，人们纷纷赞扬李时珍有起死回生的妙法。

2. 察言观色断出将"死"活人

　　李时珍以一根针救活母子二人的故事，在当地传开了，越来越多的人都想亲眼看一看这位"神医"。这天，一家药店老板的儿子正在柜台上大吃大喝，听说李时珍来这里诊病，就想去看看热闹。他奋力跳出柜台，又费了好大力气从一层一层的人群中挤到李时珍面前。他见众人都在让李时珍诊病，也好奇地凑到前面问道："先生，你看我有什么病吗？"李时珍见此人气色不好，赶忙给他诊脉。诊过脉后，李时珍脸上显出为难之色。这位老板的儿子见状，不耐烦地说："有没有病说个痛快话呀！"李时珍只好十分惋惜地说："小兄弟，可惜呀，年纪轻轻，你只能活三个时辰了，请赶快回家去吧，免得家里人到处找！"众人将信将疑，那个药店老板的儿子更是气急败坏地大骂不止。后来，在众人的劝说下，他方才气咻咻地走了。果然，不到三个时辰，这个人便死掉了。原来，此人刚刚大吃大喝过，饮食过饱，为见李时珍又纵身跳出柜台，结果内脏受损严重，肠子断了，已经到了无药可救的地步，所以，李时珍断其"死"。人们听了，不免又惊叹了一番。由此，李时珍的神奇医术传得更远了。

二、药到病除，医术高超

李时珍被人们称作"药圣"，用药精准，有时用一味药或两味药，就能医好得了疑难杂症的病人。

1. 单方治大病

一个五十多岁的老汉腹泻已经有半年多了。刚发病时，一天只是泻两三次，老汉并不在意，以为过些日子就会好的。可是过了两三个月，老汉的病不仅不见好，腹泻的次数还增多了，由一天便两三次增加到四五次。药没少吃，但都不见效，眼看着人也一天天消瘦下去。老汉

鲜藕

这十来天又叫喊肚子痛，折腾了几天后躺在床上已不能下地，生命垂危。儿孙们估计老汉活不了几天了，便备好棺木，只等着料理后事。可是老汉的妻子没有放弃，抱着最后一线希望来请李时珍救治。李时珍来到老汉家，诊病后，沉思片刻，便开了药，并告诉老汉的家人将药研磨成粉末，用米汤送服。家人一看药方，只有延胡索一味药，且只用三钱。家人有点儿半信半疑，但碍于名医的面子，只得按李时珍的吩咐，将药给老人服下。结果不到半个时辰，老人的腹痛就有所减轻，再过一会儿，就不再叫喊了。家人上前一看，老人居然安静地睡着了。家人觉得太神奇了，但又怕生变，第二天，又来请李时珍。李时珍说："只要肚子不痛了就无妨，再调理半个月就可以痊愈了。"果然，过了半个月，老人就健康如初了。

又有一次，一户人家请他诊病。李时珍刚一进门，就听见"哎哟、哎哟……胀死我了，胀死我了"的叫喊声。李时珍忙走进屋内，只见一个男子双手抱着肚子在床上翻腾，口中不断地叫嚷着。还没等李时珍走到他身边，他的叫声更大了："痛死我了，痛死我了……我不想活了……"李时珍快步走到床边，这男子又叫嚷要小便。家人忙把尿盆拿来接着。李时珍见他解出的小便又浑又红，心中已明白了几分。待他诊过脉，便开了一味单方"血余炭二钱"，并让他的家人买上两段鲜藕，说道："切上几片鲜藕，捣碎后绞出汁来，每次用藕汁调和血余炭服下，每天服三次。"待李时珍走后，这家人也是半信半疑，但见病人痛苦的样子，也只有试一试了。家人按照李时珍开的方子每天给病人吃药，到了第三天，病人小便的颜色就完全变过来了，肚子也不胀痛了。家人在欣慰之余，对李时珍的医术之高佩服得五体投地。

2."两碗汤"养生古方

相传，李时珍医术高明，还精通养生之术，一些达官贵人纷纷慕

甘草

名前来拜访。这一天,来了一个体型肥硕的达官贵人,他对李时珍说:"我时常感觉头晕、头痛,还打不起精神,听说您这有养生秘方,特此来讨要。"李时珍便给他把脉,又问了一些平时的症状,之后便给他开了"两碗汤"的药方,并让他回家按照药方熬,每天服用两次,坚持服用百日以上便会好。达官贵人一看药方上开的是一碗药汤和一碗菜汤,药汤用的是甘草之类的廉价药,菜汤用的也是些普通的菜蔬,心中便有些不快,于是问道:"为何不开一些名贵的药材?"李时珍回应说:"不必如此,只需按照此方服用即可,定能解决您的问题,长期服用还有延年益寿的功效!"这个达官贵人虽然有些不以为然,但对李时珍的盛名还是有几分仰慕的,便抱着试一试的心理,按照方子服用了几个月后,不仅体型肥硕、精神不振的问题解决了,而且身体和气色也越来越好,"两碗汤"养生古方由此也流传开来。

三、扶弱救贫,医德高尚

李时珍不仅医术高超,而且医德高尚,在民间流传着许多关于他的动人故事。

1. 贫弱者优先

一次,李时珍来到了湖口县。当地百姓听说后,纷纷上门来找他看病。这天,湖口县官令衙役抬着八抬大轿请李时珍去府里为他的太太看病。恰在这时,有一位年已六旬的老翁,推着个小车,也来请李时珍为他老伴看病。老翁一见县官的阵势,心里立时凉了半截。人家有钱有势,八抬大轿来请;他是个穷老头,又推着小车。人家是名医,放着八抬大轿不坐,能来坐我的小车吗?于是,老头对天长叹:"唉!这郎中咱不请了。"于是,他推起小车扭头要走。李时珍看在眼里,忙命人唤住老翁,然后走到八抬大轿前对衙役们说:"你们来得不巧,

汤药

今儿个，我姐姐有病，必须马上去看看，回去禀报给老爷，明日专程到府上给夫人诊脉。"衙役们没话可说，只好抬着八抬大轿回去了。李时珍来到老翁面前，老翁万万没有料到李时珍会如此，感动得连话都说不成了："李先生，您……您……"李时珍微笑着催促："老人家，别说了，赶快上路吧！"老翁忙请李时珍上车。李时珍看着老人家有一把年纪了，又驼背、瘦弱，便不忍心坐车。两人步行十里路来到了老翁家。经过仔细诊断，老翁的老伴并没什么大病，只因经常挨饿，造成体虚，不能下炕。李时珍便开了两剂滋补药。这时，天已近中午。老翁双手颤抖着捧出一碗菜粥说："李先生，您一路辛苦，我家也没什么好吃的，请把这碗粥喝了吧！"李时珍看着这碗可以照见人影的稀粥，内心酸楚，忙推了回去说："老人家，还是留给病人吃吧，她才需要补充营养！"说着，他又从贴身的衣兜里掏出了三两银子放在桌子上。老翁见状急忙说："李先生，放着八抬大轿您不坐，来我这穷老头子家治病，不收药费，不吃饭，怎么还能倒给我们银子呢？"他一边说，一边死活不收银子。李时珍耐心地解释："老人家，您不要再推辞了，我光治好了她的病，但她没有吃的还是保不住命啊！"李时珍的话还没说完，老翁就"扑通"一声，双膝跪下说："李先生，我到九泉之下，也忘不了您的大恩大德！"

2. 一碗鱼汤

一天，李时珍从外地往回赶，经过几天的跋涉，终于回到了蕲州。当他路过雨湖时，忽然听到湖边传来哭泣之声。虽然归心似箭，但他出于仁心，还是要上前探个究竟。只见一位五十开外的老妇，头发蓬乱，衣着褴褛，跪在一只破旧的小渔船边，船头上躺着一个小孩儿。老妇人边呜咽，边用手推着那孩子："宪儿，你快醒醒！快醒醒！"李时珍上去一看，见那孩子不过十三四岁模样，身体瘦弱，面色苍白。李时珍就在孩子身旁蹲下来，一诊脉，发现其六脉还算调匀，只是虚软。他

石锅

便用指甲掐住孩子的人中,又依次掐住两手虎口处的合谷穴和手臂上的内关穴等。李时珍告诉老妇人,这孩子可救,只是因营养太差、身体极度虚弱才引起的昏厥症。不一会儿,孩子便苏醒了。老妇人深舒了一口气,转悲为喜,对李时珍感激不尽,告诉李时珍说:"去年那场灾荒害得我们好苦,孩子的爹娘先后得病死去,剩下这孙儿和我两人,靠这条破船打鱼为生。我俩一老一少的,一天起早贪黑也打不了多少。鱼价又便宜,还要偿还儿子欠下的债。我们有一顿没一顿的,虽然我有东西都是可着孩子吃,但还是挨饿的时候多。这孩子老是空着肚子,能没病吗?"李时珍感叹了一番,又问:"孩子是什么时候发病的?"

当归

老妇人说:"今早正在打鱼,这孩子忽然喊头晕,就栽倒在船头了。"话还没说完,她眼中的泪珠就又流了下来。李时珍忙安慰道:"这孩子没有什么病,只是身体太虚弱了,吃些滋补药就会好的。"老妇人一听,更伤心了,叹口气道:"唉,连饭都吃不上,哪有钱买补药吃呀!"这时,忽然传来一阵"扑腾扑腾"的声音。李时珍循声望去,原来,船边上挂着一个鱼篓,里面有几条鲫鱼在蹦跳。李时珍见了,喜出望外,对老妇人说:"这不是现成的补药吗?您每天让这孩子吃这鲫鱼汤就行了。"老妇人苦笑着说:"常言道,'泥瓦匠,住草房,卖盐的,喝淡汤'。我们一老一少两人一天也捕不到几尾鲫鱼,还得靠它们换饭吃,哪里舍得自己吃呀!"李时珍沉思了一会儿,对老妇人说:"这鲫鱼有补中生气的作用,您从明天起每日替我留两条,让这孩子送到我家里。"说完,他就拿出些银两给那老妇人,又说:"这权且作买鱼的钱,日后我再补上。"老妇人说什么也不肯要李时珍的钱，推托了好一阵子，老妇人把鱼篓里的鲫鱼给了李时珍，才收下了银两。

李时珍提了鲫鱼回到家里，一家人见他回来，自然高兴。叙了一些家常话后，李时珍便把鲫鱼拿出来，又悄悄地对夫人吴氏嘱咐了几句，便将鲫鱼放入水缸中养了起来。第二天，男孩儿真的送了两条鲜活的鲫鱼来。李时珍把鱼留下，付了钱，问孩子叫什么名字。孩子告诉他，自己姓庞，名宪，字鹿门。李时珍对他说："你身体不好，我这里熬了些药，你喝了再走吧！"说完，他便让夫人吴氏把药端出来，让孩子喝了。

其实，这药就是昨天李时珍带回来的鲫鱼，加上当归、黄芪等养血补气的药熬成的。就这样，这孩子天天送鱼来，天天喝这加了药的鱼汤。一个月后，这孩子的脸颊红润了，身体也强壮了。

又过了一个多月，一天，李时珍一家刚吃过午饭，那孩子就气喘吁吁地跑来："李伯伯，我奶奶不行了，她让我赶快请您去。"李时珍立刻站起来，背了药箱要走。孩子见李时珍又要带药箱，便说："奶奶关照的，不让您带药箱，她有话要对您讲。"李时珍犹豫了一下，还是背起了药箱同那孩子快步地走出了家门。

两人来到雨湖边上,李时珍急忙跑到船前,还不待那孩子扶他,双脚已跨了上去。只见那老妇人躺在船舱里,已经奄奄一息了。这老妇人见李时珍来了,微微点了点头,费力地伸出干枯而颤抖的手,拉着李时珍断断续续地说:"您把鱼汤给孩子喝……我知道……您是这孩子的救命恩人……我要走了……到了那边我会告诉这孩子爹妈的……让他们来世报答您……"她看了看跪在身旁已经泣不成声的孩子,又对李时珍说:"这孩子很懂事……您就收下他吧……"李时珍双手握着老妇人的手,连连点头答应了。老妇人把手抽了回来,安详地闭上了双眼。

湖水

李时珍把老妇人的后事料理完,又依老妇人的愿望把孩子收作徒弟。李时珍对待庞宪像对待自己的孩子一样,不仅教他读书识字,还教他医药方面的知识。庞宪聪明伶俐,又勤奋好学,后来也成了蕲州一带的名医。

李时珍用鱼汤救孩子和出钱葬老妇的事很快在乡里传开,乡亲们对他这种扶危济困的行为无不称颂。

知识加油站

《奇经八脉考》

经脉专书,一卷,刊于1578年,对奇经循行路线及腧穴详加说明,并且附有自己的见解。

《濒湖脉学》

《濒湖脉学》为脉学著作,一卷,撰于1564年,因李时珍晚年号濒湖老人,故名。全书用歌赋体形式,分《七言诀》和《四言诀》两部分。《七言诀》论述浮、沉、迟、数、滑等二十七脉的性状、主病及相似脉象的鉴别。《四言诀》是李时珍的父亲李言闻根据宋代崔嘉彦所撰《脉诀》删补而成,综述脉理、脉法、五脏平脉、杂病脉象等。《濒湖脉学》的内容切合临床实际,易于记诵,流传甚广。

《奇经八脉考》《濒湖脉学》

第六章

翻山越岭 遍尝百草

从《神农本草经》《本草经集注》到《新修本草》《开宝本草》《经史证类备急本草》《本草衍义》……李时珍几乎遍览当时所能找到的医药学书籍。"读万卷书"固然重要，但"行万里路"更不可少。李时珍不畏艰险，翻山越岭，穿梭于深山老林中，尝遍百草……

李时珍因医术高明被楚王推荐到了北京，出任太医院院判。这为他从事药物研究工作提供了方便条件。因为他可以出入太医院的药房及御药库，还有机会饱览王府和皇家珍藏的丰富典籍，并从宫廷中获得了大量有关民间本草的相关信息，看到了许多平时难以见到的药物标本，这大大开阔了李时珍的眼界，丰富了知识。

一、对历代医学典籍的质疑

李时珍在长期诊治疾病的实践中，深切地认识到，古医药书籍中蕴含着丰富的知识和宝贵的经验，但也存在一些漏误。若不及早订正，不辨真假，以书中的错误记载为凭，轻者会耽误疾病的治疗，严重的还会害人性命。

李时珍从小就酷爱读书，在父亲的指导下阅读了大量医学书籍，对"本草"有深刻的认识。所谓本草，是古代药物学的代称，它包括花草果木、鸟兽鱼虫和铅锡硫汞等众多植物、动物和矿物药。由于其中绝大多数是植物，可以说是以植物为本，所以，人们又将药物直称为"本草"。

多年的行医实践使李时珍深深地体会到，要做一位好的医生，不仅要懂医理，还要懂药理。在行医的过程中，他在阅读《神农本草经》的基础上，又认真阅读了南朝齐梁时期陶弘景著的《本草经集注》、唐代的《新修本草》、宋代的《开宝本草》《嘉祐本草》《经史证类备急本草》《本草衍义》等。他几乎遍览当时所能找到的医药学书籍。宋代以来，我国的药物学有了很大的发展，从秦汉《神农本草经》成书，到李时珍诞生前的一千四百余年间，历代本草学家都有不少专著问世。但是，李时珍发现，这些医药书籍中所记药材数量太少，即使被医书选用的药材资料，有些也是记载不全。李时珍将这一时期的本草著作加以总结。他看到《神农本草经》只记载了三百六十五种药物，陶弘景修本草后，载药七百三十种；至唐代，苏恭增加了一百一十四种；宋朝的刘翰又增加了一百三十四种；到了宋代唐慎微的《经史证类备急本草》，所记才一千五百五十八种。李时珍认为，这一千五百五十八种药物仍然不够全面，尤其是没有一部能够概括这一时期药物学新进展的总结性著作，而且品数太烦多，名称也太杂。有的关于本草的介绍只注明了药草的名字，但是没有记载药草的外观和性能；有的还记错了药性和药效。于是，李时珍决心重修本草。

李时珍虽然定下了目标，但在编写的过程中仍未料到药物的种类太多、太繁杂了，对药物的性状、习性和生长情形很难做到全部心中

《本草经集注》

有数。

　　最使李时珍头痛的，就是由于药名的混杂，使药物的性状和生长的情况都无法弄清。过去的本草书，虽然作了反复的解释，但越解释越糊涂，而且矛盾百出，说法极不一致。

　　例如药物"远志"，南北朝著名医药学家陶弘景说它是小草，像麻黄，但颜色青，开白花；宋代马志认为它像大青，并责备陶弘景根本不认识远志。又如"狗脊"一药，有的说它像萆薢，有的说它像拔葜，有的又说它像贯众，众人莫衷一是。类似情况很多，李时珍不得不一次又一次地搁下笔来。为了理清头绪，李时珍认真分析了这些医药书籍中出现问题的原因。经过分析，他认识到，这是著作者没有深入实际进行调查研究，而是在书本上抄来抄去，在"纸上猜度"，再加上年代久远，在手抄的过程中，导致越来越多的纰漏出现。更为重要的是，这些著作者对药物的性能、功效缺乏深入实地调查和认真研究。而且药材太多，难以分类，书籍又记载不清，不能帮助更多医者和患者，甚至常出现药铺伙计抓错药给病患，病患误服药物致死事件频发。这使李时珍很痛心，也更加激起他对药物研究的决心。而神农尝百草的故事又一次激励了他。故事里，神农尝出了三百六十五种草药，写成了《神农本草》，为天下百姓治病。李时珍又想到了关于神农的"神鞭"的传说。据传，神农有一条叫作"赭鞭"的神鞭，用它来鞭打各种各样的草药。这些草药经赭鞭一抽打，有毒无毒，是寒是温，各种药性能自然表现出来。李时珍知道这是人们对治病救人的神医的赞叹，自己虽然没有神农的"神鞭"，但可以像神农那样亲尝百草，为人们找到更多可以医病的草药。

李时珍在实践中认识到，"读万卷书"固然重要，但"行万里路"更不可少。他决定走遍大江南北，实地调查，修正历代本草书籍中的

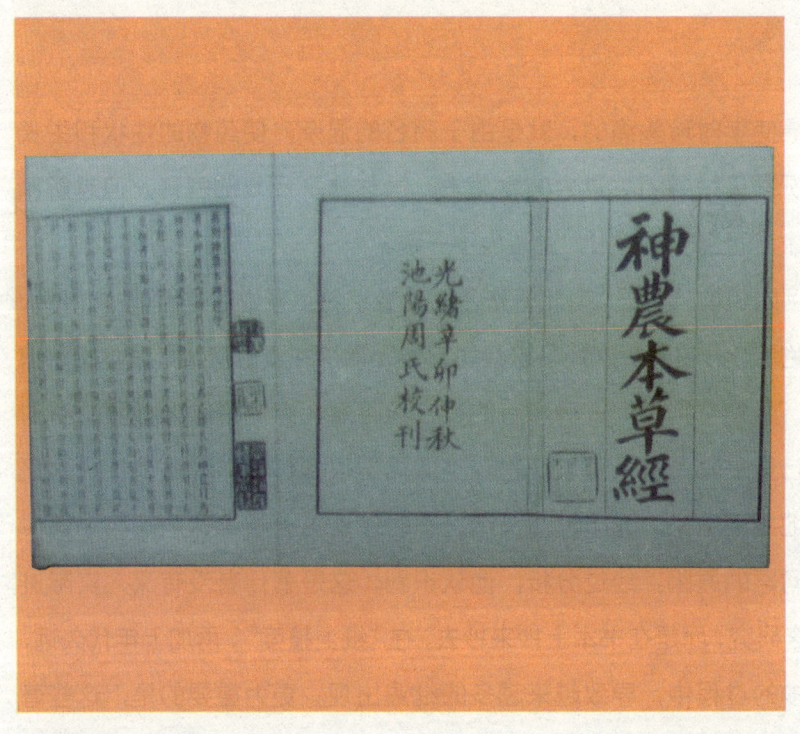

《神农本草经》内文

错误之处，厘清药物分类，尽可能全面地记载本草的种类，并加以科学地分析，以供他人参考，减少用药错误。于是，李时珍既"搜罗百氏"，又"采访四方"，开始了深入实地的调查研究。

二、翻山越岭寻找药材

李时珍定下了目标，便开始进行实地考察。这时，李时珍已经三十多岁了。他穿上草鞋，带上纸笔，身背药篓，带着徒弟和儿子李建元走出家门，开始了长途跋涉的实地考察生活。李时珍不畏艰险，翻山越岭，穿梭于深山老林中。所到之处，访医采药，并实地对照，考察书中记载是否真实，亲尝百草辨别它们的区别。在二十多年间，李时珍的足迹遍及河南、河北、江苏、安徽、江西、湖北等广大地区，以及牛首山、摄山（古称摄山，今栖霞山）、茅山、太和山等大山，行程两万余里。

李时珍知识渊博，为人谦逊，每到一地都虚心求教。那些种田的、捕鱼的、打柴的、狩猎的、采矿的，都是他求教的老师，这些老师也让他学到了许多书本上不曾学过的药物知识。

对于常用药物，历代医书中记载简略或描述不清的，李时珍都要经过自己的验证加以详细描述。例如，蕲州一带多产蕲蛇，而且蕲蛇的药用价值非常高。因而，蕲蛇便成为这一带的重要药物。李时珍发现，对于这种常用的重要药物，由于捕蛇过程比较危险，医书中记载较少，还常与白花蛇混淆。为了正确认识蕲蛇，李时珍置危险于度外，到处寻找蕲蛇。在捕蛇人的帮助下，他终于亲眼看见了蕲蛇，并看到了捕蛇、制蛇的全过程。于是，他把自己亲眼所见写进了《本草纲目》：蕲蛇"龙头虎口，黑质白花胁有二十四个方胜文，腹有念珠斑，口有四长牙，尾上有一佛指甲，长一二分，肠形如连珠"。李时珍还详细地叙述了蕲蛇的捕捉和制成药物的过程："多在石南藤上食其花叶，人以此寻获。先撒沙土一把，则团而不动，以叉取之。"然后"用绳悬起，刀破腹以去肠物，则反尾洗涤其腹，盖护创尔，乃以竹支定，屈曲盘起，扎缚炕干"。在此基础上，李时珍又在书中记载了蕲蛇与其他地方所产白花蛇的不同："出蕲地者，虽干枯而眼光不陷，他处者则否矣。"这样清晰、简明、准确的叙述，没有亲身实践是写不出来的。

旋花与旋复花，虽一字之差，但功效不同，历代医书上常将二药混淆，李时珍在实践中将其分辨清楚了。一次，李时珍从京城返回途中，投宿在一个驿站，看见"北土车夫"正围着一个小锅，煮着连根带叶的野草。李时珍连忙上前询问。他从车夫处了解到，这些赶车人整年累月地在外奔跑，损伤筋骨是常有之事，将这"旋花"草煮汤喝了，就能舒筋活血。于是，李时珍记下了该药的作用："可补损伤""益气续筋"。接着，他又根据旋花生长的形态、性味、功用、药效与书中记载的旋复花比较。李时珍认为旋复花的功效只在行水下气通血脉，指出了二者的不同，并将其记载在《本草纲目》中。

这件事使李时珍更加体会到，修改本草书要到实践中去，才能有所发现。

南朝齐梁时期名医陶弘景在《本草经集注》中，记述穿山甲"能陆能水，出岸张开鳞甲，伏如死，令蚁入中，忽闭而入水，开甲，蚁皆浮出，于是食之"。李时珍对此产生了怀疑，于是到湖南、广东、广西等地寻访渔夫，可均未见到穿山甲。后来，李时珍来到山中，从猎人和樵夫处才知道了穿山甲生长于山中，并在猎人帮助下找到了穿山甲。李时珍仔细观察穿山甲的形态、习性和食蚁等情况，进行了详细记载："其形肖鲤，穴陵而居，故曰：鳞鲤，俗称：穿山甲。"同时，他更正了穿山甲"诱蚁入甲"的说法，说明穿山甲是引诱蚂蚁上舌然后缩回舌头进而食之。走访中，李时珍还收集了"穿山甲、王不留行，妇人服了乳长流"等谚语。通过临床实验，他总结出穿山甲有除痰、治寒热、

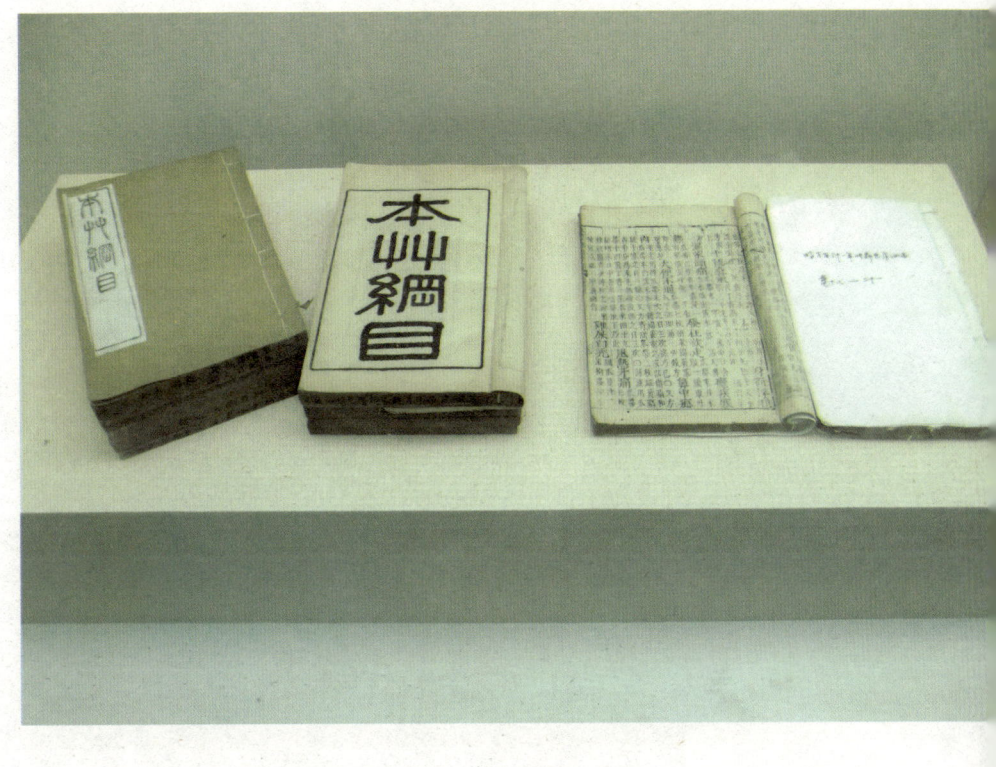

《本草纲目》

风痹强直疼痛，通经脉，下乳汁，消痈肿，排脓血，通窍杀虫等功效。

在考察中，李时珍更加感到药物是的多种多样，对它们的性状、习性和生长情形，很难全部心中有数。为了辨别书中记载的真伪，他都要经过自己的考察。李时珍在路途中经常翻山越岭，进入深山老林，不仅路途艰辛，还经常露宿野外，但是，李时珍一直没有放弃，他认为以现在的辛苦换成为百姓造福是非常值得的。不仅如此，他还注重实践经验的积累，医治更多的疾病，造福更多的人。

三、不惧生命之危，亲尝毒草

为了写好《本草纲目》这部书，李时珍不畏艰险，长途跋涉，走遍了产药材的名山。白天，他踏青山，攀峻岭，采集草药，辨别百草，对于一些重要的药材，都加以品尝，判断药性和药效；晚上，他生起

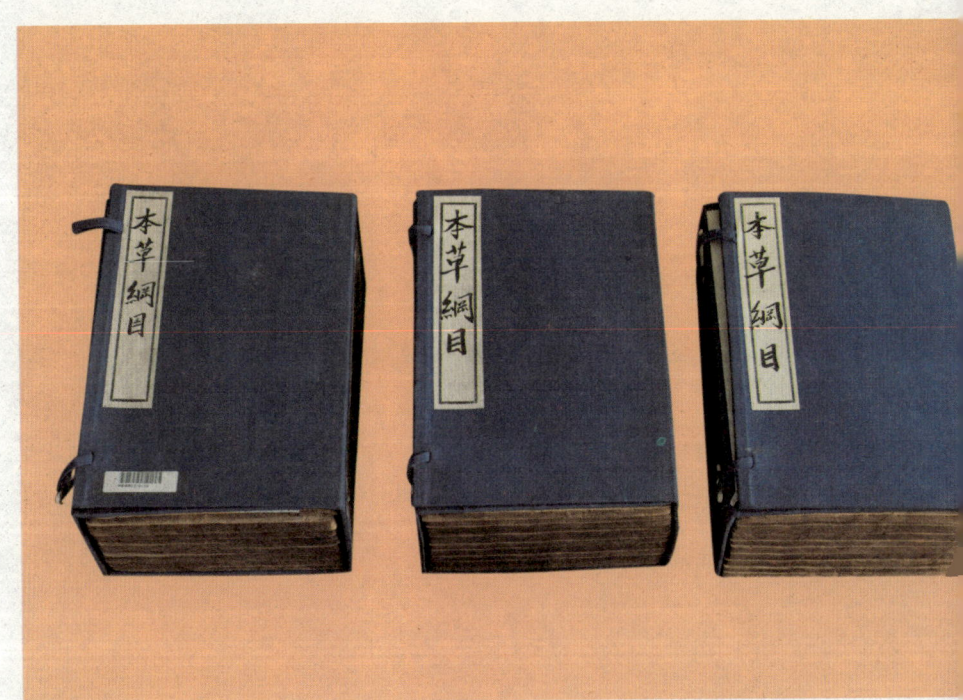

篝火,就着火光把白天尝过的草药详细记录下来:哪些草药是苦的,哪些草药是凉药,哪些草药能医病,哪些草药能充饥,都记录得清清楚楚。有时还要制作标本,并对标本进行分类,整理笔记。

　　有一次,李时珍经过一个山村,看到一大群人围着一个醉汉在看。只见醉汉一会儿笑得前俯后仰,一会儿手舞足蹈。李时珍问了围观的人才了解到,原来这个人喝了用山茄子泡的药酒。乡民们还告诉他,喝了这种药酒,严重的还会麻醉。李时珍记下了"山茄子"这个药名。晚上,他翻遍药书,找到了有关这种草药的记载。可是,药书上写得很简单,只说了它的本名叫"曼陀罗"。李时珍决心要找到它,再进一步研究它。在北方,李时珍终于找到了曼陀罗。只见曼陀罗独茎直上,高有四五尺,叶像茄子叶,花像牵牛花,早开夜合。李时珍如获至宝,

《本草纲目》

按山民说的方法,用曼陀罗泡了酒。过了几天,酒泡好了,李时珍决定亲口尝一尝,亲身体验一下曼陀罗的功效。儿子和徒弟都劝他想别的办法检验药的毒性,不要亲口品尝。但李时珍认为,不亲口尝一尝,怎能知道它的毒性有多大?为了说服儿子和徒弟,他讲了神农尝百草的故事。他讲道:"为了给百姓找到更多的草药,神农亲自采摘花草,亲口尝过各种各样的草药。为了辨别药性,他曾经在一天内中毒七十次,都被他体内的肝、肺、肠、胃给化解了。有一次,他把一棵草放到嘴里一尝,霎时天旋地转,一头栽倒。乡民们慌忙扶他坐起来,他明白自己中了毒,可是已经不能说话了,只好用最后一点儿力气,指着面前一棵红彤彤的灵芝草,又指指自己的嘴巴。村民们慌忙把那红灵芝放到他嘴里。神农吃了灵芝草,毒气解了,头也不昏了,还能说话了。从此,人们都说灵芝草能起死回生。乡民们担心他这样尝下去,太危险了,都劝他还是下山回去。但神农摇摇头说:'不能回去!黎民百姓饿了没吃的,病了没医的,我怎么能回去呢!'说罢,他又接着尝百草。他尝完一山的花草,又到另一山去尝,一直尝了四十九天,尝出了三百六十五种草药,写成《神农本草》,叫乡民带回去,为天下百姓治病。"讲到这里,李时珍说:"神农尝百

曼陀罗

草,为百姓带来了五谷和药材,我们也要向神农学习,尝出更多的药材,为千千万万的人造福!"于是,他将药酒抿了一口,觉得味道很香;又抿了一口,从舌头到整个口腔都开始发麻了;再抿一口,人昏昏沉沉的,不一会儿竟发出阵阵傻笑,手脚也不停地舞动着。最后,他失去了知觉,摔倒在地。一旁的人都吓坏了,连忙给李时珍灌了解毒的药。过了好一会儿,李时珍醒过来了,大家这才松了一口气。有人埋怨他太冒险了,但李时珍异常兴奋,顾不得安慰众人,连忙记下了曼陀罗的产地、性状、习性、生长期,还记录了如何用曼陀罗泡酒以及药酒的作用、服法、功效、反应过程等,并记下了"割疮灸火,宜先服此,则不觉苦也"。然后,他才微笑着对众人说:"我不亲口尝尝,怎么能断定它的毒性究竟有多大呢?再说,总不能拿病人去做实验吧!"听了李时珍的话,大家更加敬佩他了。

曼陀罗花

据现代药理分析,曼陀罗花含有东莨菪碱,有兴奋大脑和延髓的作用,对神经末梢也有对抗或麻痹副交感神经的作用。李时珍的这一次尝试,不仅为《本草纲目》增加了新的内容,还为现代麻醉药的研制提供了新的途径。李时珍在《本草纲目》中记载的曼陀罗花的药性以及用曼陀罗花研制麻醉药的方式,今天对我们仍有借鉴作用:农历七月采集火麻子花,八月采集曼陀罗花,在阴干后研磨成末,用热酒调服,很快便昏昏入睡,这个时候,动手术或者火灸,都不会感到疼痛。又一种可以作为临床麻醉的药物就这样问世了。

李时珍在做了曼陀罗花毒性试验之后,联想到本草书上关于大豆有解百药毒的记载,又决定亲自尝试,"乃验也"。一次不能得出结论,他便多次分不同量来吃,再根据自己的经验进行解毒。进行了多次试验后,李时珍最后找到了解药,证实了单独使用大豆不能起解毒作用,如果再加上一味甘草,就有较好的效果,修正了单独使用大豆能解百药毒的记载,也进一步了解了曼陀罗的药性,并说"如此之事,不可不知"。

在现代医学上,用人工合成的毒扁豆碱,通过静脉注射的方式能让麻醉病人在十分钟醒来,就是对李时珍学说的进一步发展。

李时珍翻山越岭,不惧艰险,亲尝百草,甚至连有毒的曼陀罗花也要亲口尝一尝,解药也要自己试验一番,这种科学精神成就了《本草纲目》,也成就了李时珍"药圣"的美名。

知识加油站

《本草经集注》

南朝齐梁时期陶弘景注,共七卷,是陶弘景在对《神农本草经》中原有的三百六十五味药做了认真的鉴别和校正后,又汇集新的发现和结合自己的研究,编成《名医别录》一书,又从里面挑出三百六十五种药与《神农本草经》原有药物合并在一起,撰成《本草经集注》一书。

《本草纲目》内文

茅山

第七章

勘误补正　成就《本草纲目》

李时珍先后到茅山、武当山、庐山、牛首山及湖广、安徽、河南、河北等地收集药物标本和药方，并众人为师，于明万历六年(1578年)完成了药学巨著《本草纲目》。它是到十六世纪为止中国最系统、最完整、最科学的一部医药学著作。

李时珍翻山越岭，遍尝百草，收集药物标本和处方，并拜渔人、樵夫、农民、车夫、药工、捕蛇者为师，参考历代医药等方面书籍九百二十五种，"考古证今、穷究物理"，记录上千万字札记，弄清许多疑难问题，历经二十七个寒暑，三易其稿，于明万历六年(1578年)完成了药学巨著《本草纲目》，并刊于1596年。这部伟大的著作，吸收了历代本草著作的精华，尽可能地纠正了以前的错误，补充了不足，并有很多重要发现和突破。

一、实地调查，勘误补正

在《本草纲目》这部伟大的著作中，李时珍在吸收古医药学著作精华和实地考察的基础上，系统地梳理了本草的品类，确立了新的分类标准，纠正了许多本草著作中的错误，也补充了经过验证的本草知识，为医者正确用药提供了依据。

1. 勘误

首先，在药物的分类上，存在着"草木不分，虫鱼互混"以及"类别不清"的问题。例如："生姜"和"薯蓣"本应列于菜部，但那些本草书将其列入了草部；有的本草书将不能入药的"兰花"当作药用的"兰草"；更严重的是竟将有毒的"钩吻"当作补益的"黄精"。

药物分类上的混乱还表现在，有时将一物分为两三个类别，有时又将两个种类混为一品。李时珍还发现，即使是同一种药物，在不同医书中或者不同学医者的说法中也各不相同，存在各种药物记载的缺陷和错误。

"鹜"与"凫"是同一种禽鸟还是两种禽鸟，历代药物学家众说纷纭，争论不休。李时珍摘引屈原《离骚》中的"将与鸡鹜争食乎""将泛乎若水中之凫乎"两句，指出诗人把"鹜"与"凫"对举并称，说明它们不是同一种禽鸟。他又根据诗中对"鹜"与"凫"不同生活环境的描绘，证明"鹜"是家鸭，"凫"是野鸭子，指出它们的药性不同。

南星与虎掌，本来是同一种药物，过去却误认为两种药物。有的医书中将天花、栝楼作为两种药物，分在两处叙述。李时珍认真考察后，确认其为同一种植物。以前葳蕤、女萎被当作同一种药物，李时珍经过鉴别，确认为是两种药。

凡此种种，李时珍都将药物"一一采视，颇得其真""罗列诸品，反复谛视"，并一一加以纠正。

其次，在用药原则上含混不清。例如，李时珍在撰写"湿剂"用药原则时，发现北齐医学家徐之才在《药对》中将湿剂解释为"湿可以去枯,白石英、紫石英之属"。李时珍认为,这一表述犯了两方面的错误:一是对湿剂定名的错误,这里的"湿剂"应为"润剂";二是将石英等定为湿剂,必然在医治湿病时将之作为主药,这不仅不能医好湿病,还有"助纣为虐"之嫌,不符合对症用药的原则。

李时珍在总结自己诊病医病经验的基础上,正确地区分了"湿剂"与"润剂"的不同,把"湿"改正为"润"字,一字之改,准确地说明了正确用药的原则。他指出:"枯者,燥也。阳明燥金之化,秋令也,风热怫甚,则血液枯涸而为燥病。"把"枯症"正名为"燥症",定名精准,使医家一看,便知其所指之意。

第三,将"仙果、仙丹"吹得神乎其神。当时,太和山五龙宫产的"榔梅",被道士们说成是吃了"可以长生不老的仙果",他们每年采摘回来,进贡皇帝。皇帝听信了他们的谗言,于是命令各地官府严禁其他人采

野鸭

摘。李时珍认为"榔梅"没有这么大的作用,于是,他不顾官府的禁令,冒险采了一个。经研究发现,榔梅是一种变形了的果实,它跟普通的桃子、杏子一样,只能生津止渴而已,并没有什么特殊功效,拆穿了道士们"仙果"的鬼话。

在明代,皇帝们也迷信仙道,祈求长生不老。方士看准了皇帝的心意,便用水银、铅、丹砂、硫黄、锡等炼成"不死仙丹"来取悦皇帝。李时珍知道仙丹的成分大多是有毒的物质,吃了不但不能长寿,反而能令人中毒,甚至死亡。于是他大声疾呼,坚决反对服食"仙丹",主张以科学的态度应用炼丹的方法。他亲自研制水银来医治疮疥等病,又利用炼金术烧制外用药物。他还把研究的数据记载在《本草纲目》里,从而批判地继承了前人的医学成果,纠正了许多错误之处,对后世影响深远。

三足鼎

熟地黄

2. 弥补药学之不足

李时珍认为有必要在以前本草书的基础上进行修改，并补充不足。

芸薹是治病常用的药。对于它的生长环境和植株的样貌，《神农本草经》记载得含混不清，各家注释也如此。李时珍便在一个种菜老人的指点下，仔细观察了实物，才知道芸薹实际上就是油菜。种植油菜，需要第一年下种，到第二年才开花，种子还可以榨油。所有这些在他的《本草纲目》中都清楚地表述出来了。

此外，李时珍还将自己辨证施治的经验写进《本草纲目》。他用简洁的语言总结了他的用药经验："养血则当归、地黄之属，生津则麦门冬、栝楼根之属，益精则苁蓉、枸杞之属。""食姜久，积热患目，珍屡试有准"，这里明确指出，吃姜长久积热易患眼病。这些都是李时珍多次尝试确定后得出的结论。李时珍还指出了许多药物的真正效

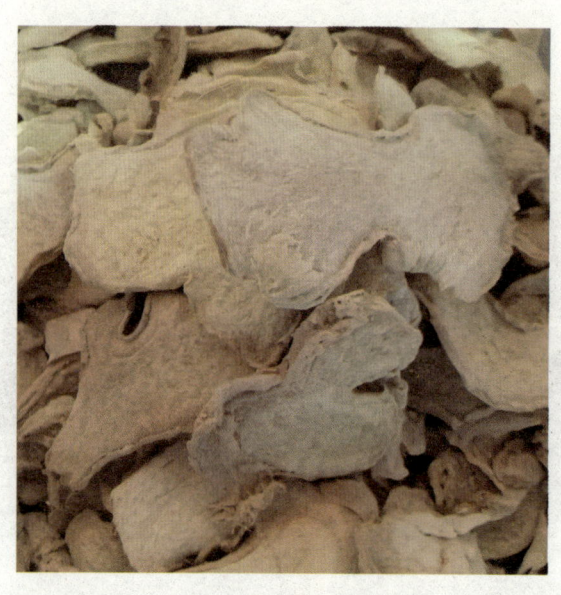

干姜

用,如常山可治疟疾,延胡索能够止痛。他还举了日常生活中容易中毒的例子,如用锡做盛酒器,因有毒素能溶解在酒中,久而久之,会使饮酒的人慢性中毒。"此皆人所未言者也",从而补充了民间的常用方。

3. 创新

在《本草纲目》中,李时珍在医学理论和实践上的创新通篇可见。

(1) 创"脑为元神之府"说

《本草纲目》金陵初刻版第三十四卷"辛夷"条下之[发明]中说:"脑为元神之府,而鼻为命门之窍。"李时珍所指"元神之府"泛指主宰人的思维意识、精神意志的高级神经中枢。这一见解与现代医学对大脑的认识基本一致,比近代医学对大脑的认识早了三百多年,是医学理论的重大突破。

(2) 开创肾间命门说

命门学说是中医学基本理论中的重要组成部分,而两肾间命门学说开创于李时珍。在《本草纲目》第三十卷"胡桃"条下之[发明]中,李时珍首次提出命门"在七节之旁，两肾之间"的创见。

(3) 首创用冰外敷降温

《本草纲目》第五卷"夏冰"条之[主治]中说："伤寒阳毒，热盛昏迷者，以冰一块，置于膻中，良，亦解烧酒毒。"这一创见，为解除病者的疼痛找到了新的方法。

(4) 创蒸汽消毒法预防瘟疫

《本草纲目》第三十八卷"病人衣"条之[主治]中告诫人们："天行瘟疫，取初病人衣服，于甑上蒸过，则一家不染。"这是现代普遍应用的蒸汽消毒法的先祖。

二、《本草纲目》的体例

《本草纲目》是以宋代唐慎微《证类本草》为蓝本，集唐、宋诸家本草之精粹，益金、元、明各家药籍之不足，继承我国本草研究的传统，独辟蹊径，把本草学推向一个新的高峰。

1552年，李时珍着手按计划重修本草。他以严谨的科学态度和实事求是的精神，亲历实践，广收博采，实地考察，对本草学进行了全面的整理总结，用了二十七年的时间，于公元1578年完成了《本草纲目》的书稿，但当时尚未确定书名。一天，他出诊归来，习惯性地坐在桌前。当他一眼看到昨天读过的《通鉴纲目》还摆放在案头时，突然心中一动，立即提起笔来，蘸饱了墨汁，在书稿封面上写下了"本草纲目"四个苍劲有力的大字。他端详着，兴奋地自言自语道："对，就叫《本草纲目》吧！"于是，李时珍便以《本草纲目》作为自己历经二十七年搜集、整理、编撰的这部书的书名。

《本草纲目》对明代以前的药物进行了系统的总结。《本草纲目》共有五十二卷，收集、记载了一千八百九十二种药物，其中三百七十四种是历代本草书籍中未收录过的新药，共辑录古代药学家和民间单方一万一千零九十六则（其中八千余则是李时珍自己收集和拟定的）。书中还绘制了一千一百零九幅精美的插图，全书共约一百九十万字。

《本草纲目》的体例是在药物分类上改变了原有上、中、下三品分类法，采取了"析族区类，振纲分目"的科学分类，将全书分为十六部六十类。首先，李时珍把药物分为矿物药、植物药、动物药，又将矿物药分为金部、玉部、石部、卤部四部；植物药一类，根据植物的性能、形态及其生长的环境，区别为草部、谷部、菜部、果部、木部五部；动物药一类，按低级向高级进化的顺序排列为虫部、鳞部、介部、禽部、兽部、人部六部，再加上服器部，共十六部。十六部之下又细分为类，如：将草部下面又分为山草、芳草、醒草、毒草、水草、蔓草、石草等小类，共计六十类。

《本草纲目》中收录的植物药最多，有八百八十一种，附录六十一种，共九百四十二种，再加上具名未用植物一百五十三种，共计一千零九十五种，占全部药物总数的58%，这是李时珍翻山越岭尝百草的成果。

具体到每种药物的解说，《本草纲目》将其分为八个部分："释名"罗列典籍中药物的异名，并解说各种名称的由来；"集解"叙述产地、形态、栽培及采集方法等；"修治"

介绍该药的炮制法和保存法;"正误"纠正历史文献记载的错误;"气味"介绍该药的药性;"主治"列举该药所能治的主要病症;"发明"阐明药理或记录前人和自己的心得体会;"附方"介绍以药为主的各种验方及其主治。

《本草纲目》不仅分类方法比较先进,而且格式比较统一,叙述也比较科学和精密,例如:把广义的"虫"药扩充到一百零六种,其中昆虫药为七十三种,分为"卵生""化生""湿生"三类。这种分类法,已经过渡到按自然演化的系统来进行了。从无机到有机,从简单到复杂,从低级到高级,这在当时是十分先进的。这对动物和植物分类学的发展具有重大意义,尤其对植物的科学分类,要比瑞典的分类学家林奈早二百年。

《本草纲目》是我国医药宝库中的一份珍贵遗产,是对十六世纪

《本草纲目》

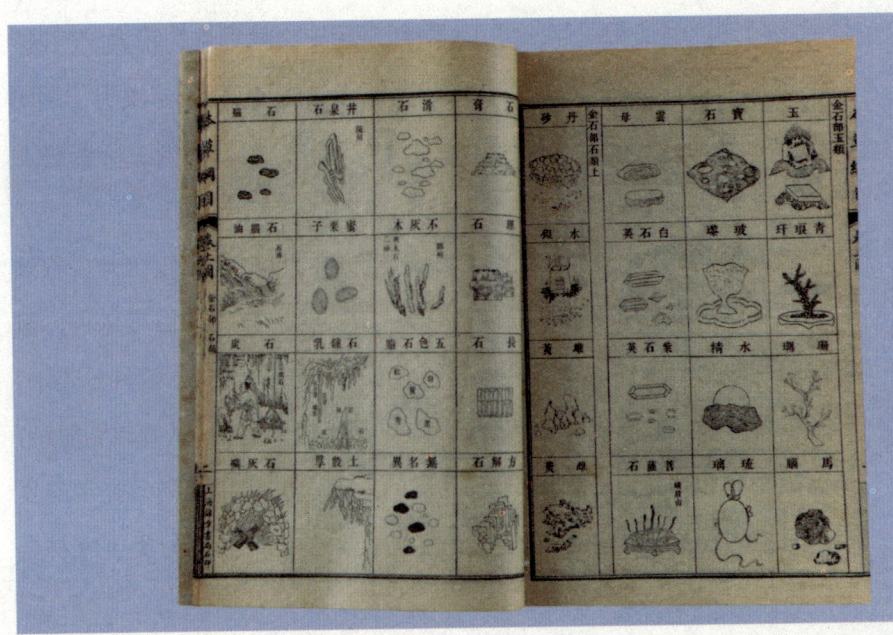

以前中医药学的系统总结，被誉为"东方药物巨典"，对人类近代科学影响巨大。

三、《本草纲目》的成就

《本草纲目》是一部集十六世纪以前中国本草学大成的著作，书中所收集的资料广博，全书约二百万字，五十二卷，载药一千八百九十二种，新增药物三百七十四种，载方一万多个，附图一千多幅，"上至坟典，下至传奇，凡有相关，靡不收集"，成为我国药物学的空前巨著。

《本草纲目》不仅考证了过去本草学中的若干错误，还综合了大量科学资料，提出了较科学的药物分类方法，融入先进的生物进化思想，并反映了丰富的临床实践。《本草纲目》不仅在药物学方面有巨大成就，在化学、地质、天文等方面，也有突出贡献。它在化学史上，较早地记载了纯金属、金属、金属氯化物、硫化物等一系列的化学反应，

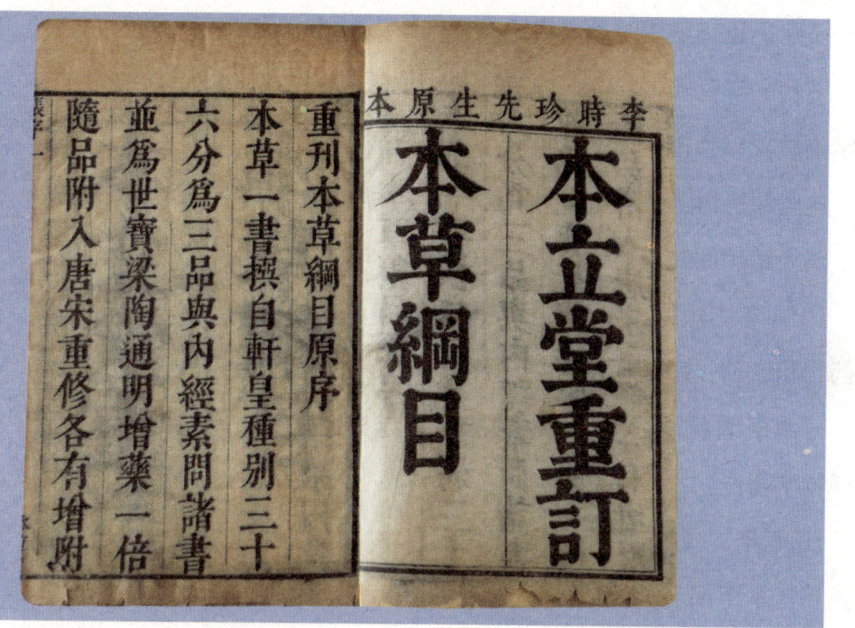

《本草纲目》内文

同时又记载了蒸馏、结晶、升华、沉淀、干燥等现代化学中应用的一些操作方法。李时珍还指出，月球和地球一样，都是具有山河的天体，"窃谓月乃阴魂，其中婆娑者，山河之影尔"。

1596年，也就是李时珍逝世后的第三年，《本草纲目》在金陵（今南京）正式刊行。1603年，《本草纲目》又在江西翻刻。从此，《本草纲目》在国内得到广泛传播。医家视其为珍品，争相抢购。据不完全统计，《本草纲目》在国内至今有三十多种刻本。

李时珍对人类的贡献是伟大的，因此深受后人的敬仰。为了纪念这位伟大的医药学家，《明史》《白茅堂集》都为他写下了传记。明代文学泰斗王世贞在《本草纲目》原序中评价："如入金谷之园，种色夺目；如登龙君之宫，宝藏悉陈；如对冰壶玉鉴，毛发可指数也。博而不繁，详而有要……实性理之精微，格物之通典，帝王之秘录，臣民之重宝也……"王世贞赞李时珍"真北斗以南一人"。

清代文学家顾景星在《李时珍传》中赞曰："李公纷纷，乐道遗荣，下学上达，以师古人，既智且仁，道熟以成……"

这些都是对李时珍为中国和世界医学发展作出重大贡献的由衷赞扬。

清光绪年间在李时珍墓前立碑纪念。

1953年出版的《中华人民共和国药典》，共收集五百三十一种现代药物和制剂，其中采取《本草纲目》中的药物和制剂就有一百种以上。

《本草纲目》不仅是一部药物学著作，还是一部具有世界性影响的博物学著作。

1606年，《本草纲目》首先传入日本；1647年波兰人弥格来到中国，将《本草纲目》译成拉丁文流传至欧洲、美洲各国。《本草纲目》先后被译成日、法、德、英、拉丁、俄、朝鲜等十余种文字在国外出版，传遍五大洲。

旷世巨著 享誉中外

1951年,在维也纳举行的世界和平理事会上,李时珍被列为古代世界名人。他的大理石雕像屹立在莫斯科大学的长廊上。

英国生物学家达尔文称《本草纲目》为"1596年的百科全书"。现代著名科技史专家李约瑟博士亲临李时珍故乡蕲春,在瞻仰了李时珍墓后,引用培根赞扬《本草纲目》的原话,在留言簿上挥笔题写下:"他在书中留下的渊博知识与才华,将不受时间影响,永葆一新。"

知识加油站

《本草纲目》

药学巨著,刊于1596年,共五十二卷,约二百万字,分为十六部六十类,载有药物一千八百九十二种,收录诸家本草所收药物一千五百一十八种,在前人基础上增收药物三百七十四种,辑录古代药学家和民间单方一万一千零九十六则;绘制精美药物形态插图一千一百零九余幅,是到十六世纪为止中国最系统、最完整、最科学的一部医药学著作。

《本草纲目》

第八章

教育有方　泽被后世

李时珍一心为的是医好天下人的病，所以在行医的过程中，时时注意把自己的医术传承下去。无论是对待自己的子孙还是徒弟，李时珍都是言传身教，注意传承医术，更重视对他们品德的培养。正因为如此，他的子孙和徒弟都成了对社会有用的人才。

一、教育有方，培育知礼仪、讲道德的儿孙

李时珍的家庭是一个近二十口人的大家庭。李时珍有四个儿子，长子李建中、次子李建元、三子李建木、四子李建方。作为一家之长，李时珍除了指导儿孙们读书、练字之外，更为关注他们的品德行为，利用一切机会教给他们做人的道理。

李时珍除了在诊治疾病方面对自己有严格的要求之外，对家庭生活也有较高的标准，建立和美欢乐的家庭一直是他的理想。李时珍发现，随着生活水平的提升，儿孙们逐渐滋长了不良习惯：挑食，喜欢吃的就多吃，不喜欢吃的就少吃，剩饭、剩菜随手就扔掉，有时为了点小事兄弟们互不相让，儿媳们视而不见，也不疏导。他感觉自己长期在外，忽视了对子孙们的教育，应该利用在家的时间，关心儿孙们的教育问题了。

这天，李时珍同妻子吴氏谈起了对孩子的教育问题。吴氏说："我也发现了这些问题，只是不知怎样教育才好，严了不是，松了也不是，儿媳们的想法也不统一，你说该怎样管教呢？"

李时珍听到妻子的说法，觉得有一定道理。于是，为了对子孙加强管教，他拆解了"管教"二字。他说："我认为'管'与'教'是两种不同的培养方法，是相辅相成的，二者不可缺一。'管'是用条款规范其行为，让他知道人的一言一行都有一定的限度，超过限度，就可能出现差错；'教'是用知识理论、道德观念灌输。对孩子是不能放羊的，不能任其疯跑、疯长，你说对不对？"

吴氏听丈夫说罢，豁然开朗，说道："听你这么一说，我明白了一个道理，孩子就像果树，要想果树结出上等果子，剪枝去蘖、洒药除虫是规范、是管理；浇水施肥、输送营养是灌输、是教育。做父母的管教子女，要像管理果树一样，孩子才能成材。依我看，你应该定个家规之类的条文，让全家都知道。"听了妻子吴氏的建议，李时珍便制定了严格的家规，并请好友顾问书写了一幅中堂，内容是唐朝诗人李绅的五言绝句《悯农》诗："锄禾日当午，汗滴禾下土。谁知盘中餐，粒粒皆辛苦。"李时珍把这首诗挂在厅内，要求妻子吴氏和儿媳们经常讲给孩子们听，让孩子们知道五谷杂粮是劳动人民的血汗凝结成的，应该珍惜，不能浪费。

李时珍还根据戚继光率领"戚家军"抗击倭寇的故事，为子孙们讲解范仲淹的《岳阳楼记》，鼓励他们向戚继光学习，国难当头，大丈夫应当挺身而出，为国分忧，要有范仲淹"先天下之忧而忧，后天

李氏家族世系表

下之乐而乐"的胸怀。他要求长子建中为官一方,造福万代;要求次子建元视"救死扶伤"为医生之天职,要他们以自己的优良美德影响下一代。

李时珍要求几个孙子刻苦攻读诗书,每天背诵几段诗文,写百十个毛笔字。根据几个孙子的年龄和体力情况,分配给他们一定的家务劳动,如烧火、做饭、汲水、洗菜、打扫庭院、整理居室,由小儿子建方和孙子树宗、树声分工负责,从而使全家的生活过得和谐、活泼、有序。

李时珍除了平日严格要求子孙之外,还经常抓住子孙们暴露出的问题,进行有针对性的教育。

这年夏天的一个下午,李时珍正在编写本草,小儿子建方跑进屋内,说他想带六岁的侄子树本到后山玩耍,希望父亲允诺。李时珍应允了,还嘱咐说:"去吧,但只能玩一个时辰,晚饭前一定要回来练习书法!"

建方答应着就高兴地带着侄子树本到了后山,两个孩子玩得很高兴。一直到太阳快要下山的时候,他们正想回家,却发现树下有蝉猴(蝉)爬出地面。建方记得哥哥建木曾经捉过蝉猴,母亲炸熟了给他吃,非常好吃,便对树本说:"我们捉几只蝉猴,回家叫奶奶炸了给你吃。"

小树本高兴地跳了起来,便和小叔叔一起捉蝉猴。他们捉了一个又一个,直到建方听见母亲的呼唤声,才想起吃晚饭的时间到了,可是饭前练习书法的时间错过了。他知道父亲会因此生气,便急忙叫上树本跑回家。一到家里,建方便红着脸走到父亲跟前等候发落。

李时珍见儿子如此贪玩,耽误了练习书法,正要发火,忽然看见孙子树本手里拿着蝉猴,正在央求奶奶炸熟了给他吃。李时珍一看到

蜜蜂与花

蝉猴，心中的怒火立刻消了，因为他正在编写蝉猴的条目，便想到正好利用这件事来启发教育儿孙遵守时间，还要让他们养成平时多注意观察草木虫鱼习性的习惯。于是，他便把树本叫到身边，问道："谁告诉你蝉猴可以炸着吃的？"

"小叔叔告诉我的。"树本高兴地回答，望着站在一旁的小叔叔，"小叔叔说捉一些蝉猴让奶奶炸熟吃，好香好香的。"

李时珍听罢便转向了儿子建方，严肃地问道："你知道蝉猴能炸了吃，你可知道它的种类和药用价值吗？"建方摇摇头说："不知道。"

李时珍便说："你已经十多岁了，不能只顾玩耍，遇事应该多问几个'为什么'，为什么蝉猴傍晚才出来？它的习性如何？这样才能从中学到知识，将来才能用这些知识行医治病。"

李时珍耐心地讲解了蝉的种类和生活习性，说："蝉古人称为'蜩'。蝉在夏初开始鸣唱者有三种，体大而色黑的，叫蚱蝉或马蜩，豳诗称为'五月惟鸣蜩'，指的就是蚱蝉；头上有花冠叫蟧蜩；体小而色青者叫茅蜩。秋天开始鸣唱的有两种，体短吻长，黄绿色或青紫色叫蟪蛄，小而青赤色叫寒蝉。"停了一会儿，李时珍又继续说道："蝉的种类有很多，

《寒蝉赋》

出土的时间各不相同，药用价值也不一样。你接触它，就应该研究它、掌握它，以备将来之用。"建方听着，不住地点头称是。李时珍又问："你说说蝉的一生，对人有什么启迪作用？"建方又摇摇头，表示不知道。

站在一旁的建木见父亲的面容依然很严肃，担心弟弟受罚，就对父亲说："弟弟年纪还小，读书也不多，我来说吧！"

李时珍点头同意，并要建方注意听哥哥怎样说。建木便将父亲让他读的《寒蝉赋》中说蝉的"五德"，顺口背诵出来。李时珍要建方复述一遍，建方一字不漏复述完毕。李时珍问道："最后一句的含义是什么？"

聪明的建方明白父亲的用意，愧疚之感涌上心头，于是含着泪说："我错了，蝉能按照节令准时来到人间，不停地为人们吟唱，很守信用，我不如蝉。今天我带树本出门时，答应准时回家练习书法，却因为贪

玩误了时间，是犯了不讲信用的错误。今后，我保证遵守时间，说到做到，做事讲求信用。"

听了儿子的检讨，李时珍怒气消了。他觉得以蝉的"五德"为座右铭，要求儿孙们像蝉一样守时守德，是一种好的教育方式。想到这，他觉得应该让他们懂得全诗的内涵和"五德"的具体内容，便详细地讲解了"五德"的要求和作用。

李时珍见子孙们听得认真，心里很高兴，最后说："你们为人做事，应该用蝉的'五德'衡量自己的一言一行。"子孙们都牢记在心。

李时珍对子孙们的教育费了不少心思。孙子树本聪明伶俐，活泼好动，贪起玩儿来写作业都粗心应付。有时未写完就想出去玩耍，不让玩便缠着爷爷奶奶哭闹。李时珍既疼爱这个孙子，又想让他学有所成，于是便采用耐心诱导的方法教育他。一次，小树本练习毛笔字，总是写不好，写了几遍后便不耐烦了，扔下笔对爷爷说："写毛笔字太难了，我喜欢李白，还是让我背诵几首李白的诗吧，背完诗爷爷带我去雨湖网鱼吧！"

李时珍觉得孩子有自己的崇拜偶像，这是件好事，榜样力量往往大于家长的说教，便想用李白如何成为伟大诗人的故事教育孙子。于是，李时珍抚摸着树本的脸颊说："爷爷给你讲李白贪玩的故事，讲完故事，爷爷带你去网鱼，好吗？"

小树本拍着手说："好，好，爷爷讲的故事我最爱听。"

李时珍把童年的李白如何不肯读书，如何到河边玩耍，遇到白发老奶奶在河边石头上磨铁杵，终于把铁杵磨成绣花针的故事讲了一遍。

小树本显出很认真的样子，问："那么粗的铁杵，多长时间能磨成针？"

"李白也是这样问老奶奶的。"李时珍说，"老奶奶回答李白：'只

玉蝉

要功夫深,铁杵磨成针。我天天专心磨它,终究有一天会磨成绣花针的。'老奶奶嘱咐李白莫贪玩耍,回家专心写诗,只要天天专心磨炼,就会写出最好的诗。听了老奶奶的话,李白改了贪玩的毛病,专心读书、写诗,终于成为伟大的诗人。"

李时珍讲完,问树本还去不去雨湖网鱼。小树本听得入神,待爷爷问话,他才在思索中醒过来,答非所问地说:"爷爷,我学李白天天读书写诗,能成为伟大诗人吗?"李时珍笑笑说:"只要不贪玩,努力学诗文、练书法,即使不能成为伟大的诗人或者书法家,也能成为国家的栋梁之材。"

小树本扬起脸,水灵灵的大眼睛忽闪了几下,说:"爷爷自己去雨湖网鱼吧,我要向李白学习,回屋练习书法!"从此,小树本果然改掉了贪玩的毛病，刻苦学习，后来成为荆州府引礼生。

二、教育徒弟格物穷理

李时珍一生教五个徒弟，他对徒弟要求很严，在教育方法上循循善诱，启发教育他们"格物穷理"。其中，李时珍对庞宪的教育既严格又耐心，通过他与四子建方争论螺蠃和螟蛉虫是否为同一昆虫来教育他们格物穷理便是一例。

庞宪为人正直、憨厚诚实，但性格有些内向，不善与人争辩。他与李时珍的四子建方经常在一起读书学习，互相切磋，遇到不懂的问题就一同去请教李时珍。有一次，他俩为查阅一种可以入药的昆虫——

虫与花

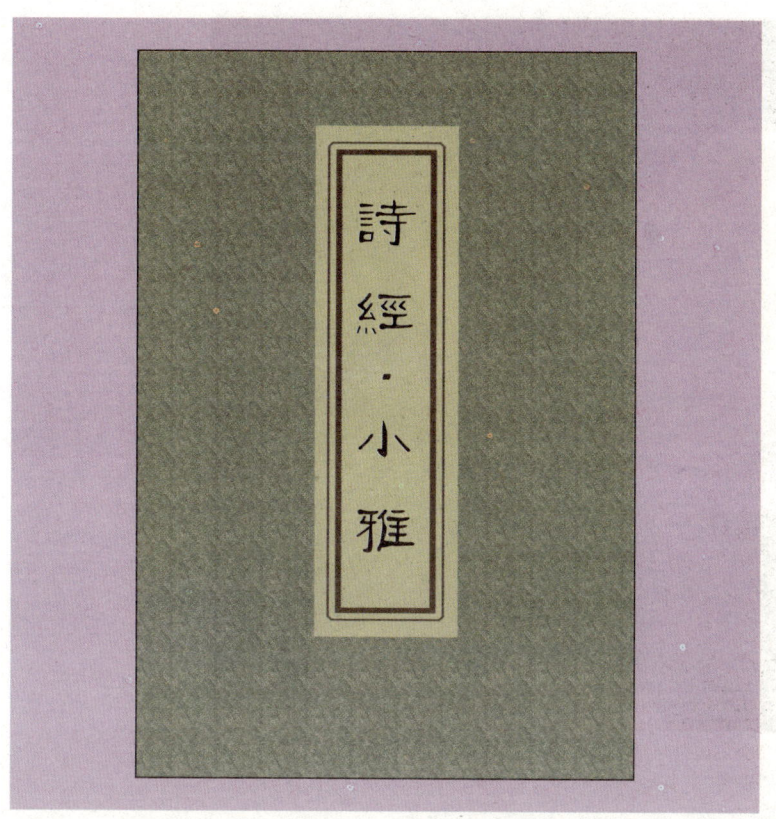

《诗经·小雅》

螟蛉的习性，因观点不同发生分歧，争执起来。

建方认为："螟蛉都是雄性，不能繁育后代，它是把螟蛉虫衔回窝内养着，螟蛉便育化成小螟蛉，这就是它的后代。"

庞宪觉得这样说有点儿牵强，便问："你怎么知道螟蛉是雄性，还不能繁育后代呢？"

建方解释说："《诗经·小雅》中有一句：'螟蛉有子，蜾蠃负之'，意思是说，蜾蠃不能生育子女，它便将螟蛉虫作为子女来喂养，等螟蛉虫长大会飞了，就变成了我们现在说的蜾蠃。因此，古人把螟蛉比喻为'义子'，扩大到人世间，人们把抱来的养子叫螟蛉子就是这个

蝴蝶

道理。"

庞宪觉得建方的说法不太对,但苦于无论据反驳,便赌气说:"我不与你争高下,就按你说的解释吧!"

李时珍对两个年轻人的争论很感兴趣,当听到庞宪不想争时,便过来问道:"为什么不把自己的观点全都讲出来,疑难问题不经过充分争论,怎能得到正确答案呢?"

庞宪红着脸说:"我没有充分的论据驳倒建方的观点,只是凭直观感觉认为,两种不同的昆虫互相变化不太可能。"

李时珍说:"凡是自己有疑问的问题,都应该刨根问底。对每一种药物,不找出它的内在规律和变化的道理,就不应该罢休。"他又对他们讲了格物穷理的道理。他说:"宋朝文学家朱熹曾说过,'格尽天下之物，便可赫然贯通'，这就是人们常说的'格物穷理'，我们研究医学也要有这种科学态度。"

为了让庞宪和建方弄清蜾蠃和螟蛉虫的关系，李时珍带他们到房后的药草园内进行了实地观察。

时值夏末，药草长得很茂盛，还有美丽的小花在开放，招惹得蝶飞蜂绕，有的已硕果累累了。正看着花草时，建方突然发现一只黑色的细腰蜂，捉住一条跟它的身体大小差不多的小青虫吃力地飞着。建方高兴地惊呼道："快来看，这是什么蜂，力气好大，竟然能咬住这样大的青虫子飞行。"李时珍一看也很惊喜，便把徒弟们都招呼来跟踪观察，并让徒弟们说说这两种昆虫都叫什么名字。徒弟们七嘴八舌，但都说得不太准确。说话间，细腰蜂叼着青虫已经飞到了墙角的缝隙处。可能是感应到了细腰蜂的归来，只见从缝隙内探出了一个黑色蜂的小脑瓜，脑瓜上还长着两条触须，触须不住地摇动，好像欢迎得胜归来的伙伴，然后咬住青虫，用力拽进巢内，细腰蜂随后也钻了进去。

李时珍见徒弟们饶有兴趣，便趁机解释说："这种细腰蜂就是书上说的'蜾蠃'，蜾蠃口中叼的青虫就是螟蛉虫。"他又接着说："你们看这蜂巢内有两只蜂同居一室，必是夫妻成双，所以，它们能繁育后代。"

徒弟们同声说："那只青虫必是它们的食物，小两口可以美美地饱餐一顿了。"

庞宪好奇心最大，找来一根小木棍，要捅开墙缝，想看个究竟。李时珍制止说："不要伤害它们，它们是益虫。"接着，他把自己反复观察的结果讲给徒弟们听。

李时珍说："这种蜂，有的地方按形态叫细腰蜂，有的地方按做巢的位置叫土蜂，但土蜂不在地下做巢，而是在竹筒、泥墙洞缝里做巢。它们主要捕捉稻螟蛉、玉米螟、棉金刚钻、棉螟蛉、食菜青虫等昆虫的幼虫作食物。这种蜂一年繁殖两代,夏末是繁殖第二代的季节,所以,容易见到它们叼着螟蛉入巢的情景。"听到师父讲得这么详细,徒弟们由衷地赞叹师父常识渊博,好奇心也被激发出来了,便追问它们是如何捕食的。李时珍便耐心地讲解起来。他说:"蜾蠃的腹部末端有螯刺和产卵器。卵是淡褐色,长形,只有小米粒大。它捕捉食物时,是用螯刺刺入猎物体内,然后放射毒汁,让猎物麻醉,再衔回巢中,供幼蜂食用。"

李时珍讲到这儿,打住说:"这样的故事还有很多,我准备挑选有参考意义的写进《本草纲目》,以后再陆续讲给你们听。"然后,他告诉庞宪和建方:"诊所那边有病人来看病了,你俩去看病人吧!"

庞宪和建方急急忙忙跑到诊所,可是只过了一顿饭的工夫,两人就争吵着回来了。

建方说:"这个病人酒肉吃多了,伤食又有热证,应该用牵牛子

小虫子

幼蜂

克化。"

庞宪说："牵牛子是泄水通便药，量小能帮助排出大便，量大了就会泄便如水，能伤人元气。病人腹部没有胀满，大便也不密结，不能轻用牵牛子。"

建方说："我知道，但病人是肺部湿热，要想化肺部湿气，最见效的药是牵牛子。"

庞宪说："牵牛子泄水泄元气，不能不慎重，干脆咱俩听听师父怎么说吧！"

他们来到李时珍面前，说完了病人的病情，便请求师父指教。

李时珍说："你二人说的各有各的道理，但又都有偏颇，关键是没抓住药性和病因。"

李时珍讲解了牵牛子主要的作用是泄气中的湿热，不能除血中的湿热。血中湿热宜用苦寒的药。如果是血中湿热，再加上脾胃虚热，就不可图暂时见效而用牵牛子,因为药劲过后,又会立刻复发,像这样服上药就好,停药就复发,以致久服会暗伤元气。

有人插话问道:"我听说您曾经给一位宗室夫人治好了肠结燥热的病,能给我们讲讲吗?"李时珍说:"我正要给你们讲这个例子。"

李时珍慢慢说道:"这位宗室夫人已年过六十岁,患有肠结病,十天左右才大便一次,比生孩子还痛苦,服用养血润燥的药无效,服用消黄通利的药也无效,反反复复了三十多年。"

庞宪见师父停下不说了,急切地问道:"那后来呢?"李时珍说:"我为她诊病时发现她每天山珍海味、佳肴美馔,吃得满脸流油,又大便不通畅,所以忧郁、苦闷,天天咳嗽,多酸痰,还有火病。我诊断为三焦之气壅塞,有升无降,津液都化为痰咳,不能下降滋润肠腑,非血燥可比。因为有痰的阻挡,所以服用养血润燥药或消黄通利药都是徒劳的,不能起到通气排便的作用。"

李时珍一板一眼讲得很慢,建方着急地问:"您是怎么用药的?讲给我们听听吧!"

李时珍说:"我正想问你们呢,你们俩说说看,用什么药最好?"

建方吐吐舌头,冲庞宪使了个眼色。庞宪

明白建方的意思,是想让他说,但他白了建方一眼,摇摇头,也没有说话。

看到两个人为难的样子,夫人吴氏不高兴了,冲着李时珍说道:"你过去看过的病,用的什么药,孩子们怎么知道?别变着法难为孩子们了。"

李时珍见夫人不高兴了,便打趣道:"有夫人护着,在下怎敢难为贵公子!我是启发他们动脑子思考。"他的一席话把夫人说笑了,夫人便催促李时珍快点说给他们听。

李时珍继续说:"我以牵牛子末、皂荚为丸。她大便通畅了,肠结也消解了,而且吃饭香甜,神清气爽。这是因为牵牛子能走气分,通三焦,气顺则如开放的闸门一样,上下通畅,病自然就痊愈了。"说到这里,李时珍把话题一转,问建方和庞宪:"对刚才接诊的病人,如何用药,

牵牛子

你二人知道了吧?"

建方和庞宪同时回答:"知道了!"

李时珍问:"用什么药?"

二人齐声说:"用开胃消食的药。"

李时珍点点头:"这就对症了,你们去开药方吧!"

李时珍循循善诱,重视实践出真知,教导徒弟们格物穷理,使他们从根本上懂得了草药的知识,并能在实践中加以应用。

三、教育有方结硕果

在李时珍的严格教育下,无论是子孙们,还是徒弟们,都从小养成了知礼仪、讲道德的品质;在诊治疾病方面,培养他们重视实践,在实践中增长知识,使他们成长很快。在他的培养教育下,他的子孙和徒弟们都成了对社会有用的人才。

李时珍的徒弟都学有所成,除二徒弟瞿九思从官之外,其余几个徒弟均是名医。其中,庞宪是李时珍最喜欢的徒弟,后来成为当地名医,亦能著书立说,《本草纲目》中就有他的心血。

子孙们也都学有所成。长子建中自幼聪颖,后来考中举人,出任四川蓬溪县知县,后升为云南永昌府通判,为官一任,造福一方,为百姓所拥戴。

次子建元一直跟随李时珍治病救人,也成为一代名医。建元后来又跟随父亲跋山涉水采药,帮助父亲记录、整理草药,为《本草纲目》的问世作出了不可磨灭的贡献。

三子建木品德高尚,济贫救困,为世人称扬。史书记载:万历三十六年(1608年)大水成灾,在道路上随处可见饿死、病死的人。建木施粥一个多月,救活了数百人,并且"拾金于路,移日不去,待其人还之";"亲戚假贷不能偿者,辄焚其券,亦不与人言"。其情操为世人所称颂。

四子建方"少补诸生，继父业医，名播遐迩，中年入选太医院医士"，在传承、发展李时珍开创的中医药事业中作出了巨大的贡献。

孙子李树初"任山西副使，致政清廉，贼人攻破城池被俘"。树初对全家人说："我虽在籍，自当尽节，尔等读圣贤书，死生有命，亦不可屈于贼也。"在树初的影响下，"故一门争从死焉"。全家誓死不降敌，为后人赞叹。

孙子李树本也继承了家风，刻苦学习，品德高尚，后来成为荆州府引礼生。

据《黄州府志》记载："李公起家，以医发绩，数十年间为蕲之望族，积德之本，不谓无源矣。"李时珍家教有方，得到社会的首肯，当之无愧。

1593年，李时珍逝世，享年七十六岁。李时珍去世后，被追封为"文林郎"，葬于他的家乡湖北省蕲春县蕲州镇。1949年后，为了纪念李时珍这位伟大的医药学家，在他的家乡蕲州城东南面风景秀丽的雨湖之滨重修了他的墓冢，并建成了"李时珍陵园"。陵园由李时珍纪念馆、李时珍墓地、李时珍医史文献馆和药物园四部分组成。其中，明末清初文学家顾景星的《李时珍传》格外引人注目。在李时珍陵园的本草碑廊的大理石上，刻有1983年著名人物画家蒋兆和所画的李时珍像以及明代文坛巨匠王世贞的《本草纲目序》，还有从《本草纲目》中节选出来的一百二十八种本草药图。

1978年，湖北省文化局重修李时珍墓。李时珍塑像通高四米多，底座镌刻郭沫若亲笔题词。塑像后并列有两座墓冢，东侧为李时珍与其妻吴氏合葬墓，墓前有其子李建元、李建中在明万历癸巳年（1593年）中秋所立的墓碑；西侧为其父李言闻与其母张氏合葬墓，底径均为六米，高约两米。碑前青石上刻有著名人物画家蒋兆和所画的李时珍像，墓前另立石碑，上刻郭沫若先生的题词。1980年，在陵园内正式建成了国家重点文物保护机构——李时珍纪念馆。整个纪念馆占地面积五万平方米，纪念馆仿古大门上镶嵌着邓小平同志于1987年7月8日亲笔题写的馆名。纪念馆内的展品主要有历史文物、文献、药物标本、图表、

李时珍墓

照片、画像、雕塑等一千余件，形象、系统地介绍了李时珍的生平和《本草纲目》的伟大成就。藏品中有自明清以来各种版本的《本草纲目》古籍善本，弥足珍贵。

1982年，李时珍陵园被国务院列为第二批"全国重点文物保护单位"。1996年，该陵园又被列为"全国爱国主义教育示范基地"。

李时珍一家四代深受后人敬仰，为了纪念这位伟大的医药学家，人们在李时珍的家乡蕲州建起了"五贤祠"，受到世代人的敬仰。

知识加油站

蝉的五德

蝉有五德，"夫头上有緌，则其文也。含气饮露，则其清也。黍稷不享，则其廉也。处不巢居，则其俭也。应候守常，则其信也。加以冠冕，取其容也。君子则其操，可以事君，可以立身，岂非至德之虫哉"。

这段话出自西晋文学家陆云的《寒蝉赋》，用蝉的五德比喻物的五种特征。

李时珍雕像